AF453385

RECUEIL

DES PLUS JOLIS

JEUX DE SOCIÉTÉ.

RECUEIL

DES PLUS JOLIS

JEUX DE SOCIÉTÉ,

DANS LEQUEL ON TROUVE LES GRAVURES D'UN GRAND NOMBRE D'ÉNIGMES CHINOISES, ET L'EXPLICATION DE CE NOUVEAU JEU.

A PARIS,

CHEZ AUDOT, LIBRAIRE,

RUE DES MATHURINS-SAINT-JACQUES, n° 18.

1818.

TABLE
DES JEUX.

a

RECUEIL

DES PLUS JOLIS

JEUX DE SOCIÉTÉ.

INTRODUCTION.

QUE faites-vous donc là, mon ami ?
— J'écris. — Je le vois ; mais encore
quel sujet ?—Les Jeux innocens.—Ah!
certainement, je n'aurais pas deviné.
Comment, c'est vous qui vous occupez
à de pareilles puérilités, des jeux d'enfans ! — Doucement, mon bon ami ;
vous voilà de l'avis de ceux qui regar-
dent ces amusemens comme des enfan-
tillages. Où trouverez-vous la franche
gaîté, si ce n'est en vous rapprochant
de la jeunesse ? Je gage que vous préfé-

rerez faire gravement un piquet, où, battant les cartes toute une soirée, vous aurez pris de l'humeur pour perdre avec une quinte et un quatorze dans votre jeu ; ou bien un reversi, où un quinola qui n'aura pu être forcé, et qui vous gorgera dans la main, vous fera faire une grimace qu'augmenteront les plaisanteries de vos adversaires. Loin de nous, mon ami, ces jeux dont l'intérêt est le premier mobile, dont sont exclus les ris et la gaîté, et qui, sous le masque trompeur de l'amitié, forment souvent des âmes vénales qui y contractent de vicieuses habitudes. — Sans doute ; mais qui me force à jouer ? — L'usage : vous êtes dans une société ; on jugera que vous ne savez pas votre monde, si vous vous refusez à faire un quatrième au boston, ou à prendre place à une bouillotte ; qui sait même si la malice ne vous soupçonnera pas de craindre d'aventurer quelques pièces de monnaie? On est tellement porté à mal interpréter les apparences! Au moins, à mes Jeux innocens, ce que vous perdrez sera un profit pour les autres : comme votre esprit seul sera mis à contribution, il en résultera un avantage pour ceux qui vous entendront vous tirer adroitement d'une pénitence spirituelle et difficile; l'émulation s'emparera de la jeunesse qui vous entourera, et qui, ressemblant à un diamant que la main habile du lapidaire n'a pas encore taillé et poli, est privée de ce vernis de la société que vous lui ferez acquérir, et vous aurez instruit tout en vous récréant. — Bravo! vous me présentez vos Jeux sous le point de vue le plus agréable; mais que diront les mamans? — Et que disent-elles maintenant? Ne joue-t-on pas partout aux Jeux innocens? Seulement on y joue mal; on ne les choisit pas d'un intérêt assez vif pour amuser les grandes personnes : on les laisse aux enfans. Désormais ce sera différent ; je veux y remédier : je veux que les éclats de rire de la jeunesse rappellent aux mamans leurs premiers plaisirs. Elles viendront y prendre part ; et en s'y mêlant, n'exerceront-elles pas la surveillance la plus active sur leurs filles ? D'ailleurs, mon bon ami, le danger n'est pas toujours où on le voit. Sommes - nous plus parfaits que nos ancêtres, qui en faisaient leurs délices ? Au contraire, les réunions alors étaient plus attrayantes ; la gaîté y faisait tous les frais. C'est là que les jeunes gens perdront la rudesse de leur caractère, qu'ils sentiront que la politesse, les petits soins et l'esprit sont les seuls moyens de mériter les applaudissemens ; les demoiselles y laisseront ces airs guindés que leur donne l'habitude d'être sé-

rieuses; elles oublieront ces petites bou-
deries dont une critique adroite leur
fera sentir les ridicules; leur humeur
deviendra toujours égale et enjouée;
elles ressembleront, enfin, à ce rosier
des quatre saisons qui, malgré les ri-
gueurs de l'hiver, se pare des fleurs
charmantes dont leur teint rappelle les
couleurs. Les uns et les autres, dans
ces épanchemens de gaîté qui partent
du cœur, qu'aucune contrainte ne défi-
gure, étudieront leurs caractères, et mes
Jeux innocens feront faire plus de ma-
riages que l'agence Williaume avec toutes ses affiches. Je n'ai plus qu'un mot
à vous dire : ils étaient les divertisse-
mens de nos bons aïeux, et nos aïeux
savaient rire ; ces jeux faisaient leur
bonheur. — Mais nous ne sommes plus
eux. — J'en conviens. — On était heureux alors ; on pensait à s'amuser : maintenant ce n'est plus la même chose.

—C'est ici que je vous attendais. Et pourquoi, s'il vous plaît, ne serait-ce plus la même chose? Croyez-vous qu'on n'aime pas autant à rire aujourd'hui? Seulement on ne sait plus s'amuser. Savez-vous où en est la cause? A peine une table est desservie, que vite on apporte les cartes; et quand les papas et mamans s'ennuient, voudriez-vous que la jeunesse s'amusât? Nos pères se mêlaient à nos jeux: faisons-en de même avec nos enfans, et vous verrez que la gaîté, toujours fidèle au sol français, reparaîtra bientôt au milieu de nous: il ne faut que le vouloir. Enfin, quoi qu'il en soit, je n'en continuerai pas moins mes Jeux innocens, et je suis toujours sûr de faire rire, si ce n'est pas comme je le désire, ce sera à mes dépens.

Tous les peuples ont cherché les moyens d'amusement les plus conve-

nables à leurs goûts et à leurs mœurs;
les Spartiates seuls, remarquables par
leur austérité, avaient généralement
exclu tous les jeux. La jeunesse romaine
y représentait des sujets graves, tels
que des jugemens, des marches triom-
phales, etc. Les modernes ont préféré
ce qui pouvait les faire rire; et notre
jeunesse, la plus enjouée et la plus
folâtre de toutes les autres nations, a
adopté les jeux innocens, du moins
dans la classe distinguée de la société.
Que faire, en effet, dans les longues
soirées d'hiver, où les frimas rassem-
blent les personnages autour d'un foyer
ardent? On veut s'amuser; on cherche
le plaisir, mais un plaisir qui ne laisse
aucun regret; et c'est alors que la Folie,
agitant ses grelots, donne le signal, et
les Jeux innocens commencent.

Pigeon vole.

Parmi les jeux d'enfans, celui-ci est le plus simple. Il consiste, après s'être placé en rond, à poser sur un de ses genoux l'index de la main droite, comme le fait l'ordonnateur du jeu. Lorsque celui-ci, qui lève toujours le doigt, quelque mot qu'il prononce, dit *pigeon vole*, tous les autres doivent lever le doigt ; il en est de même toutes les fois qu'il prononce le nom d'un volatil quelconque ; mais malheur à celui qui lève le doigt lorsqu'il a nommé un quadrupède, ou un animal non emplumé : il doit un gage, et un gage se rachète par une pénitence.

En voilà assez pour expliquer un jeu que tout le monde connaît.

Coton vole.

Pendant que nous nous occupons de *Pigeon vole*, nous pouvons dire un mot de *Coton vole*, aussi enfantin que l'autre, mais qui peut amuser par le mouvement qu'il procure. On jette en l'air un peu de coton, et tout le monde, placé à l'entour, doit souffler dessus à mesure qu'il s'en approche; celui qui le laisse tomber à terre, ou sur ses vêtemens, donne un gage. Il est assez plaisant de voir plusieurs personnes s'agitant en tous sens pour repousser un ennemi si peu dangereux, mais redoutable par la punition qui peut en résulter.

Je vous vends mon corbillon.

Je vous vends mon corbillon, sont les mots qu'on se répète les uns aux autres, en commençant par la droite, et en présentant un objet quelconque. On répond à cela : *Qu'y met-on?—Un bonbon*, dit la personne qui a parlé la première. Il faut que le nom qui répond à la question *Qu'y met-on?* soit terminé en *on*, et ne pas répéter des mots déjà prononcés. Ce jeu n'est bon qu'à faire donner des gages, qui se multiplient considérablement au bout de quelques tours, et lorsque les lieux communs sont épuisés. On en donne chaque fois que l'on manque aux conditions ci-dessus désignées.

Petit bonhomme vit encore.

Voilà encore une antiquaille; on la présente à ceux qui ne la connaissent pas, et il faut les prendre jeunes, car c'est le premier jeu auquel les enfans se livrent, à cause de sa simplicité. Si donc, parmi nos lecteurs, il en est qui veuillent le jouer, ils doivent allumer un morceau de papier tortillé, se le passer les uns aux autres, en prononçant : *Petit bonhomme vit encore*, et faire donner un gage à celui entre les mains duquel

le papier s'éteindra avant qu'il ait ache-
vé les mystérieuses paroles.

Je vous vends mes ciseaux croisés.

Donnez un gage, mademoiselle, pour
n'avoir pas croisé vos jambes ou vos
jolies mains en m'offrant vos ciseaux.
Comme il faut payer pour apprendre,
vous saurez, maintenant que votre gage
est donné, que toute la malice de ce
jeu consiste à croiser les pieds, les
mains ou les doigts en présentant les
ciseaux.

Le Pied de Bœuf.

Avancez, petite famille, venez jouer
au Pied de Bœuf. Bien ! vous, mettez
votre main droite sur la mienne ; ensuite
la vôtre, et ainsi de suite. Observez,
maintenant, de retirer chacun votre
main seulement lorsqu'elle posera sur
mon genou, et en comptant un de plus

que votre prédécesseur. Celui qui comptera le nombre neuf tâchera de s'emparer d'une main, en prononçant : Je tiens mon pied de bœuf. Prenez garde de ne rien prendre : vous donneriez un gage. Comptez : un, deux, trois, quatre, cinq, six, sept, huit, et neuf, je tiens mon pied de bœuf. Un gage, monsieur, je tiens votre main. C'est juste. Maintenant, vous savez le jeu ; amusez-vous. Attendez.... j'oubliais : il y a une autre manière de le jouer ; asseyez-vous, et écoutez-moi. Je prends cet anneau, que j'appelle le Pied de Bœuf. Je vais vous le vendre, en commençant par la droite ; vous m'en donnerez le prix que vous voudrez, pourvu qu'il n'excède pas neuf. Faites attention qu'il ne faut répéter aucun des prix déjà donnés, sous peine de payer un gage ; et celui qui sera obligé de dire neuf paiera également un gage. Arrangez-vous ; jouez-le

comme vous voudrez. Le dernier, cependant, me paraît plus récréatif ; il
applique davantage, et présente de plus
un intérêt, en ce qu'il exerce l'attention
et la mémoire.

La Taupe.

Le fin de ce jeu est de fermer les
yeux toutes les fois que l'on répond aux
questions suivantes :

Demandes.	*Réponses.*
As-tu vu ma taupe ?	Oui, j'ai vu ta taupe.
Sais-tu ce que fait ma taupe?	Oui, je sais ce que fait ta taupe.
Sais-tu faire comme elle ?	Oui, je sais faire comme elle.

On sent que ce jeu, et tous ceux qui
lui ressemblent, ne sont intéressans
qu'à jouer une fois avec des personnes
qui ne le connaissent pas : car, du moment qu'on sait ce qu'il faut faire, il
n'y a plus de gages à espérer.

Colin-Maillard.

Le Colin-Maillard est encore un jeu assez amusant; il convient aux enfans, quand on le joue simplement; il plaît aux amans et déplaît aux mamans, quand on le joue assis. Je ne parle pas des demoiselles.

Quoi qu'il en soit, qu'il plaise ou non, il consiste, pour le jouer simplement, à tirer au hasard qui commencera; la personne que le sort a désignée est obligée de recevoir sur ses yeux un mouchoir blanc. Ce soin est réservé à une demoiselle, si c'est un jeune homme que le sort a nommé; dans le cas contraire, un jeune homme est chargé de placer le bandeau. Dans cet état, on prend par la main le Colin-Maillard, on lui fait faire trois tours, et on l'abandonne à sa destinée; il ne quitte le bandeau que lorsqu'il a arrêté quelqu'un.

Colin-Maillard assis.

Pour le Colin-Maillard assis, on se place en cercle sur des siéges rapprochés les uns des autres, et le Colin-Maillard doit venir s'asseoir sur quelqu'un, sans tâtonner, ce qui est expressément défendu ; et là, sans autres indices que le contact qu'il reçoit par la manière dont il est assis, et les éclats de rire que l'on ne peut retenir, malgré qu'il soit de rigueur de faire le plus grand silence, il doit nommer la personne sur laquelle il est assis, ou du moins la désigner le mieux possible. C'est ici qu'il est permis d'employer quelques petites ruses, comme les dames de mettre sur leurs genoux les pans d'habits de leurs voisins, et les messieurs un coin du schall, et tant d'autres que l'occasion indique, afin de dérouter le Colin-Maillard.

On le joue assis avec une légère nuance de plus. C'est de donner un guide au Colin-Maillard ; ce guide le conduit d'un siége à un autre, qui se trouvent alors plus éloignés, au moyen d'un ruban que notre aveugle tient à la main. Ce jeu peut amener quelques plaisanteries assez amusantes, par la trop grande confiance que le Colin-Maillard met quelquefois dans son guide.

Colin-Maillard à la baguette.

Il est encore un autre jeu, que l'on nomme le Colin-Maillard à la baguette. On donne au Colin-Maillard une baguette, la plus longue possible, et toute la société se place en rond autour de lui. Le Colin-Maillard présente la baguette, et la personne devant qui le hasard l'a dirigée est obligée d'en tenir le bout. Le Colin-Maillard lui fait alors une question, à laquelle elle doit faire une réponse qui contienne au moins trois mots. Tant pis pour elle, si elle ne sait pas assez déguiser sa voix : le Colin-Maillard revoit la lumière au moment où elle la perd.

Le Colin-Maillard à la Silhouète.

Voilà comme il se joue. On étend contre un des côtés du salon un linge blanc, comme si l'on voulait donner une représentation de la lanterne magique. A quelque distance de là, y faisant face, est placé le Colin-Maillard, qui, au lieu d'avoir les yeux bandés, a besoin d'y voir très-clair. Il s'assied sur un tabouret, le plus bas possible, afin que son ombre ne se confonde pas avec celles des autres joueurs. Directement en arrière de lui, et à quelques pas, on pose sur un guéridon une lumière seule, et toutes les autres doivent être éteintes.

2

Dans cet état, toutes les personnes de la société passent, à la file les unes des autres, entre le Colin-Maillard, qui ne doit, sous aucun prétexte, tourner la tête, et la lumière placée sur le guéridon. Cette lumière, interceptée par chaque personne, en dessine naturellement l'ombre sur le linge. Le Colin-Maillard, à mesure que chaque ombre paraît, doit nommer la personne à laquelle il juge qu'elle ressemble; mais, comme chaque joueur a intérêt à ne pas être reconnu, chacun se contrefait, ou change quelque chose dans son ajustement : ce qui jette le Collin-Maillard dans des erreurs qui excitent les éclats de rire de la société.

Ce jeu est très-amusant; il pourrait offrir encore un intérêt de plus, en faisant donner un gage à chaque nouveau Colin-Maillard, et il plairait ainsi plus généralement : car beaucoup de personnes ne jouent que pour avoir occasion de retirer des gages.

Je reviens du marché.

Jeu d'enfant qui n'offre que bien peu d'intérêt. Je reviens du marché, dit celui qui commence à la personne qui est placée à sa droite ; laquelle lui répond : Qu'avez-vous acheté? Il dit ce qui lui vient à l'esprit, observant de toucher ce qu'il nomme ; s'il l'oublie, ou l'ignore, il donne un gage, et ainsi de suite.

Pour le rendre un peu plus difficile, on peut mettre la condition de nommer un masculin et un féminin alternativement ; par conséquent, si celui qui précède a dit : J'ai acheté un gilet, celui qui vient après est obligé de dire de la toile, ou tout autre nom féminin.

En voici un dans le même genre.

Ote-toi de là que je m'y mette.

Ote-toi de là que je m'y mette, dit-on communément, sans trop savoir pourquoi : dans le monde, chacun a ses raisons ; mais, dans ce jeu, la personne à qui s'adressent ces paroles doit demander : Pourquoi ? — Parce que tu as telle chose, et que je ne l'ai pas, répond la première personne. Observant de ne pas nommer, dans la personne ainsi apostrophée, une chose que l'on aurait soi-même, sous peine de donner un gage, ni répéter ce qu'un autre aurait déjà dit. C'est un jeu qui n'est propre qu'à faire donner des gages, et pour cela seul, il n'est pas sans agrément, puisqu'on ne joue que pour avoir le plaisir d'ordonner des pénitences.

Je vous vends ma petite Boîte d'amou-
rette.

C'est encore ce qu'on dit à son voisin
ou à sa voisine, qui répond : Que con-
tient-elle ? — Trois choses : aimer, embrasser et congédier.—Qui aimez-vous?
qui embrassez-vous ? et qui congédiez-
vous? En réponse à ces trois questions,
on nomme trois personnes différentes ;
celle qui est congédiée donne un gage
pour avoir encouru la disgrâce. Il est
défendu de s'appliquer aucune des trois
questions. On peut aimer, embrasser et
congédier toutes les personnes de la
société ; mais cela ne peut avoir lieu
qu'une fois. Si l'on veut s'entendre pour
faire donner beaucoup de gages à la
même personne, c'est le jeu le plus favorable ; autrement il n'amuse que les
enfans, à moins qu'on ne trouve du plaisir à répéter souvent à l'objet qu'on aime,

que c'est lui seul qu'on aime, et se per-
mettre quelquefois de l'embrasser : car
il est bon de dire que la personne que
l'on embrasse est obligée de venir la
faire elle-même.

Les Rubans.

Voilà un jeu qui, tout simple qu'il
est, fait beaucoup rire lorsqu'on le pra-
tique; il consiste à tenir chacun un bout
de ruban ou de jarretière, dont l'autre
bout est tenu par l'ordonnateur du jeu,
qui les réunit tous. Il suffit, pour éviter
de donner des gages, de faire le contraire
de ce qu'il commande; et comme il n'a
jamais que deux commandemens, qui
sont : *tirez* et *lâchez,* lorsqu'il dit *tirez,*
il faut lâcher, et lorsqu'il dit *lâchez,* il
faut tirer; si l'on obéit à la lettre, il en
coûte un gage.

Le Devin.

Ce jeu n'offre encore aucune diffi-culté : il consiste à deviner un mot don-né qui se trouve confondu avec plu-siéurs autres. Il est convenu d'avance que le mot à deviner sera placé immé-diatement après un mot de deux, trois ou quatre syllabes, suivant la conven-tion. Ainsi, je suppose que ce soit après un mot de trois syllabes ; la personne chargée de faire deviner dira au devin : Madame (si c'est une femme qui lui aura donné un mot) est alléc, ce matin, au Quai aux Fleurs ; elle y a acheté des tubéreuses , des rosiers , du réseda, des œillets et des pensées, qui forment chez elle un joli parterre. Le devin saisira de suite *œillets* comme le mot donné, attendu qu'il suit immédiatement *ré-séda,* qui a trois syllabes. Il en est de même si le mot doit être placé après un monosyllabe, ou un mot de deux ou quatre syllabes.

Ma servante n'aime pas les os.

Ma servante n'aime pas les os ; que lui donnerons-nous à manger ? Voilà ce que se disent les unes aux autres toutes les personnes de la société qui a décidé de jouer à ce jeu. Toute la finesse qui existe est d'éviter les mots qui contiennent des *O*. Ce qui amuse, c'est de voir les uns proposer des carottes, les autres des choux, des ognons, et se défendre avec acharnement de donner un gage, en soutenant qu'il n'y a pas d'os dans les légumes. Une fois que ce double sens est connu de tout le monde, ce jeu n'offre aucun agrément.

L'As court.

Encore un jeu de cartes : c'est malgré moi ; mais on donne des gages, et on n'y

perd point d'argent. On prend dans le
jeu autant de cartes qu'il en faut par
rapport au nombre de joueurs, et de
manière à ce qu'il n'y ait qu'un as et un
roi ; on les mêle et on se les distribue.
Celui qui a l'as l'offre à son voisin, en
disant : L'as court, et l'échange contre
la sienne ; le voisin continue de la même
manière, jusqu'à ce qu'on rencontre le
roi ; alors on dit : L'as s'arrête, et celui
qui en reste possesseur donne un gage.
On mêle ensuite les cartes, et l'on continue. C'est encore un jeu d'enfans.

La Toilette de Madame.

Si l'on aime le mouvement, voici un
jeu qui en donne. On s'assied en rond ;
une seule personne reste debout, faute
de siége, et prend le nom de la femme
de chambre ; toutes les autres prennent
des noms allégoriques : tels que le rouge,
le peigne, le collier, l'écrin, la robe, etc.

3

La femme de chambre porte la parole, et dit : Madame demande son collier. La personne qui s'appelle ainsi se lève et dit : Le voilà. La femme de chambre s'assied à sa place. Le collier dit alors : Madame demande son peigne. On répond de même, et l'on fait la même chose. Mais si quelqu'un dit : Madame demande toute sa toilette, tout le monde est obligé de se lever, en disant : La voilà, et en s'avançant ; il faut ensuite changer de place, et dans ce tumulte, il en coûte un gage à la personne qui reste debout, faute de siége, car il y en a un de moins. Comme il faut, pour faire donner des gages, demander souvent toute la toilette, on conçoit que l'on est toujours en mouvement ; ce qui en fait un jeu assez bruyant, mais qui cependant n'est pas sans attraits pour la jeunesse, que la même attitude fatigue.

La Maîtresse d'école.

Voilà un jeu pour les demoiselles; point de distractions, si elles craignent d'être punies. Je ne ferai que le leur indiquer.

Celle qui connaît mieux le jeu remplit l'important personnage de la maîtresse d'école, et voici comme elle s'en acquitte : elle porte la parole en échafaudant le conte qui lui vient à l'esprit. Toutes les autres demoiselles s'appellent *ma voisine* ; elles ont toujours les yeux sur la maîtresse, à qui elles doivent répondre : Oui, maîtresse, dès que celle-ci les montre au doigt, ou dès qu'une des autres demoiselles les désigne par le même signe.

Toute l'attention qu'il faut avoir est de répondre de la manière suivante à la maîtresse, chaque fois que, dans le cours de sa narration,

Elle dit :

La voisine interpellée, après avoir dit : Oui, maîtresse, ajoute :

C'est mou pouce qui me l'a dit.

Il n'en sait rien ; et toujours de la même manière à chaque chose que dit ensuite la maîtresse, sans nommer un autre doigt.

C'est mon doigt du milieu qui me l'a dit.

Ne le croyez pas ; et toujours de même, tant qu'il n'est pas question d'un autre doigt.

C'est mon petit doigt qui me l'a dit.

Toutes à la fois :
Oh ! le méchant petit doigt !
Celle qui est interpellée répond seule ensuite :
Pardon, maîtresse, il en a menti.

Mais il le soutient.

Demandez plutôt à toutes mes voisines.
Ici toutes, sans parler, avancent la main droite en signe d'approbation.

Si elle dit :
C'est vrai, il dit qu'il s'est trompé.

Toutes retirent alors leurs mains, et le jeu continue.

Il soutient qu'elles mentent.

Elles doivent se lever toutes, et on change alors de maîtresse.

Les jeunes gens peuvent aussi jouer ce jeu, en répondant : *Oui, maître*, et s'appelant réciproquement *mon voisin*.

Lorsqu'il y a des personnes de l'un et l'autre sexe, le jeu prend une tournure plus difficile, en ce qu'il faut dire tantôt *mon voisin*, et tantôt *ma voisine*, et toujours, au signe du doigt, répondre, avant tout : *Oui, maîtresse*, ou *maître*, selon le sexe de l'ordonnateur. On donne un gage toutes les fois qu'on oublie une des réponses ou actions que le jeu prescrit.

Quoiqu'il ne soit rien en lui-même, il oblige à une attention soutenue et à un grand silence, pour éviter de donner des gages ; et, joué par des personnes raisonnables, il pourrait devenir piquant, en y mêlant quelques vérités, quelquefois agréables, quelquefois fâcheuses. Qui sait même si, par des suppositions adroites, on ne parviendrait pas à surprendre un secret que la beauté timide ne nierait qu'en rougissant? Au reste qu'on y joue ou qu'on 'n'y joue pas, le voilà.

Combien vaut l'orge à Lagny ?

Si vous allez à Lagny, et que vous vouliez acheter de l'orge, gardez-vous d'en demander le prix avant d'avoir la main dans le sac; car, sans cela, à peine auriez-vous dit : Combien vaut l'orge ? que vous seriez saisi et plongé dans le bassin d'une fontaine, pour vous apprendre qu'il ne faut pas répéter, dans ce pays, des paroles que prononça un duc de Lorges, qui, après avoir imposé de fortes contributions à ses habitans, leur dit ironiquement : Vous saurez combien vaut Lorges. Comme ce jeu n'en est pas un bien intéressant, il suffira de savoir que toute la finesse est de répondre, sous peine de donner un gage : Plaît-il, maître ? chaque fois que l'on entend prononcer le nom dont vous avez fait choix, et avant de dire autre chose. A cet effet, on prend des noms allégoriques, tels que : *Pierrot, combien, comment, trois francs, c'est impossible,* et autres semblables qui facilitent l'arrangement d'une histoire qui puisse être relative à l'orge. Ce jeu, déjà très-ancien, aurait besoin d'être rajeuni, et ne trouve place ici que par rapport à son origine.

Le Chasseur.

Voilà un jeu qui est propre à faire donner des gages, et c'est à peu près ce qui en fait le mérite ; du reste, quand il est joué avec soin, il prête encore beaucoup à rire.

L'ordonnateur du jeu prend le nom de *Chasseur ;* les autres en ont de relatifs à la chasse ; et comme il n'en manque pas sur cette matière, on voit qu'on peut amuser, avec ce jeu, une société quelque nombreuse qu'elle soit.

Le préliminaire est de convenir des noms que chacun adopte ; les messieurs et les dames font choix des plus conformes à leur sexe. Pour en donner une idée, je suppose que les noms suivans ont été adoptés ; on trouvera en regard les réponses que l'on doit faire chaque fois que le chasseur les prononcera.

Pour les Messieurs.		*Pour les Dames.*	
Noms.	*Réponses.*	*Noms.*	*Réponses.*
1. Le fusil.	Le voilà.	1 *bis.* La gibecière	La voilà.
2. Le plomb.	En voilà.	2 *id.* La poudre.	En voilà.
3. Le champ.	Semé.	3 *id.* La pierre.	La voilà.
4. Le sentier.	Etroit.	4 *id.* La vigne.	Tortue.
5. Le lièvre.	J'ai couru.	5 *id.* La grive.	
6. Le lapin.	Je me suis caché.	6 *id.* La bécasse.	
			J'ai volé.
7. Le sanglier.	J'ai grogné.	7 *id.* La perdrix.	
8. Le loup.	J'ai hurlé.	8 *id.* La caille.	
9. Le renard.	J'ai sauté.	9 *id.* L'alouette.	
10. L'oiseau.	J'ai volé.	10 *id.* La campagne.	Bien verte.

Chacun étant bien sûr de ce qu'il doit

répondre, on commence le jeu ; mais il est nécessaire d'observer encore que, chaque fois que le chasseur prononcera le mot *chasse*, tous les joueurs répondront ensemble ce qui leur est affecté à chacun. Au mot *munitions*, le *fusil*, le *plomb*, la *gibecière*, la *poudre* et la *pierre* seuls répondront ; quand il dira *gibier*, tous les autres répondront, excepté les cinq ci-dessus et les quatre personnes qui s'appelleront le *champ*, le *sentier*, la *vigne* et la *campagne*; *l'oiseau* répondra non seulement à son nom, mais à tous ceux des autres volatiles ; la *vigne*, le *champ* et le *sentier* répondront aussi à leurs noms et à celui de la *campagne*, et chacun leur cri convenu. On voit que le plus occupé sera *l'oiseau*, et que la *campagne* aura le moins à faire.

Ainsi disposé, le *chasseur*, debout au milieu de ses auditeurs, peut raconter une histoire semblable à la suivante :

Ce matin, à l'aube du jour, je me suis mis en *campagne* (les n°ˢ 3, 4, 4 *bis* et 10 *bis* font chacun leurs réponses) par le plus beau temps possible; mon *fusil* (le n° 1 répond) sur l'épaule, je gravissais paisiblement un *sentier* (le n° 4 répond), et à l'entrée d'un *champ* (le n° 3 répond), j'aperçus un *sanglier* (le n° 7 répond) monstrueux; je le couche en joue; ma *pierre* (le n° 3 *bis* répond) casse, et par conséquent mon *fusil* (le n° 1 répond) rate; heureusement le *sanglier* (le n° 7 répond) eut peur et se sauva. Je pris une autre *pierre* (le n° 3 *bis* répond), je mis de nouvelle *poudre* (le n° 2 *bis* répond) dans mon bassinet : il était temps, car j'aperçus au même instant un *loup* et un *renard* (les n°ˢ 8 et 9 répondent). J'en blessai un, et je tirai mon second coup de *fu-sil* (le n° 1 répond) sur une compagnie

de *perdrix* (les nᵒˢ 7 *bis* et 10 répondent); mais je n'en eus rien. Déjà fati-
gué d'avoir battu la *campagne* (les nᵒˢ
10 *bis*, 3, 4, et 4 *bis* répondent), n'ayant
plus de *munitions* (les nᵒˢ 1, 2, 1 *bis*,
2 *bis*, répondent), envoyant le *gibier*
(les nᵒˢ 5, 6, 7, 8, 9, 10, 5 *bis*, 6 *bis*,
7 *bis*, 8 *bis*, 9 *bis*, répondent) à tous
les diables, je suis revenu le long d'une
vigne (le nᵒ 4 *bis* répond), et n'ayant
dans ma *gibecière* (le nᵒ 1 *bis* répond)
ni *lièvre*, ni *lapin*, ni *grive*, ni *bécasse*,
ni *alouette*, ni *caille*, ni *sanglier*, ni
loup, ni *renard* (tous les nᵒˢ interpellés
répondent, et l'*oiseau* à ceux de *grive*,
alouette et autres oiseaux). J'ai de bon
cœur maudit ma *chasse* (ici tous les
joueurs se lèvent et font entendre chacun leurs cris). Alors le *chasseur* est
remplacé, et, dans ce cas, il prend le
nom de celui qui le remplace, et le jeu
se continue de la même manière.

On connaît, maintenant, que l'on donne un gage chaque fois que l'on est interpellé sans répondre.

La Chouette.

Ce jeu ressemble au précédent, à quelques variations près. On y prend tous les noms d'oiseaux dont il s'agit d'imiter les cris; on se place ensuite en cercle, et une personne, debout au milieu, remplit le personnage de l'*oiseleur*.

Noms.	*Imitations des cris.*
La chouette.	Chou, chou, chou.
La pie	Margot.
Le serin..	Baisez, petit fils.
La poule.	Coccodèque.
La tourterelle	Rou, cou, cou.
Le moineau	Piou, piou, piou.
Le canard	Can, can, can.
La dinde.	Glou, glou, glou.
Le coq.	Coque roco.

(37)

La perdrix. . . . . . . Quiquiriez.
Le corbeau. . . . . . . Kouac.
Le perroquet. . . . . . Jaquot.
L'alouette. . . . . . . Tirlili.
La caille. . . . . Paie tes dettes.

Cela fait, chaque joueur, bien péné-
tré de son rôle, étend ses deux mains
sur ses genoux, et *l'oiseleur*, placé au
milieu, entame une histoire dans le
genre de celle du *chasseur*; chaque fois
qu'il prononce un des noms d'oiseaux
adoptés, la personne qui en a fait choix
y répond par son cri, sans remuer les
mains. Tous font leur cri à la fois quand
l'oiseleur parle de la *volière*. Lorsque
la *chouette* est interpellée, elle répond,
et à son cri toutes les mains s'esquivent.
L'oiseleur tâche d'en retenir une : alors
il prend la place et le nom de la personne dont il tient la main, qui devient
oiseleur à son tour. S'il n'attrape rien,
il donne un gage, et continue. Si, après

trois tours, il n'a rien attrapé, il est libre de quitter son rôle; alors on choisit un *oiseleur* au sort. On recommence ensuite, après avoir replacé les mains sur les genoux.

On donne un gage toutes les fois que l'on oublie de faire son cri, lorsque l'on est nommé, et chaque fois que l'on est attrapé, ou que l'on n'attrape personne, si l'on est *oiseleur*.

La Volière.

Encore un jeu d'oiseaux; mais celui-ci a quelque ressemblance avec *Ma petite Boîte d'amourette*. Voici comme il se joue; quelqu'un de la société fait une liste des noms des personnes qui la composent, et se fait dire par chacune, à l'oreille, le nom de l'oiseau qu'elle choisit, et le place ensuite en regard à côté du sien. Lorsqu'il a fait le tour de la société, il nomme à haute voix tous les oiseaux qui composent la volière. Il demande ensuite à chacun, auquel de ces oiseaux il donne son cœur, auquel il donne son secret, et auquel il arrache une plume. Lorsque chaque personne a répondu à ces trois questions, il ouvre le grand livre des destins, et nomme les personnes auxquelles on a donné son cœur, son secret, et à qui l'on a arraché une plume. On embrasse celle à qui l'on a donné son cœur, on fait une confidence à celle qui doit savoir son secret, et celle que l'on prive de ses plumes est obligée de donner un gage. Ce qui justifie le proverbe des battus qui payent l'amende. Ensuite une autre personne se charge de recueillir les voix après que les noms ont été changés Ce jeu est attrayant; on voit chaque figure s'épanouir ou se rembrunir en entendant désigner la personne qu'il faut embrasser; qui sait même, si les cœurs qui

s'entendent ne se sont pas devinés sous
leur déguisement? ou disons plutôt que
pour éviter l'embarras du choix, et pouvoir, sans faire naître le soupçon, s'ac-
corder une douce faveur, on a eu soin
de se faire part des costumes emplumés
que l'on se destinait.

L'Aveugle Devin.

Ce jeu est bon lorsque l'on veut faire
donner des gages à ceux de la société
qui ignorent la petite malice qui en fait
la base. Pour le jouer, une des personnes
se fait bander les yeux ; elle s'assied ensuite sur un siége assez éloigné : une
autre alors prend la parole, et si c'est un
homme, il lui dira par exemple : con-
naissez-vous Madame *** (en la nommant), l'aveugle répondra : oui très-
bien.

Demandes.	*Réponses.*
Connaissez-vous son schall ?	Oui, très-bien.
Et connaissez-vous sa robe ?	Oui, très-bien.
Devinez donc par où je la tiens.	Par sa robe.

L'aveugle a deviné juste, parce qu'il sait que toutes les fois que la question sera précédée de la conjonction *et*, ce sera par l'objet qu'elle indique que la personne sera tenue; mais s'il ignore cette ruse, il court le risque de donner bien des gages, car il en faut un chaque fois qu'on se trompe, et au milieu de dix ou douze objets désignés il faut un grand hasard pour deviner.

Lorsque c'est une dame qui donne à deviner, elle parle d'un monsieur et toujours dans le même sens.

Je ne conseille pas aux vieux maris jaloux de jouer à l'aveugle devin, car ils pourraient conserver long-temps le bandeau sur les yeux.

Monsieur le Curé.

Ce jeu se joue par les enfans, de la manière suivante :

L'un remplit le rôle de M. le Curé.

Les autres du vicaire, de la gouvernante, de l'épicier, de la blanchisseuse, et de tous autres états qu'il plaît de choisir. Il est de convention de tutoyer tout le monde, excepté monsieur le curé. et de répondre d'abord à chaque question, *vous en avez menti*, si c'est monsieur le curé qui parle, et *tu en as menti*, si c'est toute autre personne.

Ainsi donc le curé dira :

Je viens de chez toi, vicaire.

Le vicaire. — Vous en avez menti, monsieur le curé.

Le curé.   — Et où étais-tu donc?

Le vicaire. — J'étais chez l'épicier.

L'épicier.   — Tu en as menti.

Le vicaire. — Et où étais-tu donc?

L'épicier.   — J'étais chez la gouvernante, etc.

On donne un gage quand on manque aux conditions indiquées. Monsieur
le curé seul a le droit de tutoyer tout
le monde.

Quelques personnes jouent ce jeu différemment. Au lieu de faire répondre à
chaque question *tu en as menti* ou *vous
en avez menti ;* on dit *pourquoi faire.*
Alors l'interrogateur doit donner une
raison conforme à l'état de la personne
qu'il a interpellée, et chacune de ses
raisons ne peut être répétée sous peine
de donner un gage. Alors le jeu prend
la forme suivante : je viens de chez vous,
madame la gouvernante ; où étiez-vous
donc ?

La gouvernante. — J'étais chez la blanchisseuse.

La blanchisseuse. — Pourquoi faire ?

La gouvernante. — Pour avoir le linge de
M. le curé.

La blanchisseuse. — Ma foi, j'étais chez le
teinturier.

Le teinturier. — Pourquoi faire?

La blanchisseuse. — Pour avoir le schall que je vous ai donné à teindre.

Le teinturier. — Ma foi, j'étais chez le chapelier.

Le chapelier. — Pourquoi faire?

Le teinturier. — Pour avoir un chapeau.

Le chapelier. — Ma foi, j'étais chez M. le curé.

Et ainsi de suite.

Cette manière plaît davantage à la bonne société en ce qu'il ne s'y rencontre pas les mots peu polis, *tu en as menti* et *vous en avez menti*, mais elle fait aussi donner moins de gages: parce que comme les personnes bien nées n'ont pas l'habitude de s'en servir, et encore moins de se tutoyer, et surtout lorsque l'on se voit pour la première fois, on hésite toujours et, quelquefois on se trompe. Au surplus chacun peut la jouer à son goût; et même s'il ne con-

...ient pas, on peut dans le recueil en trouver de plus spirituels et de plus amusans.

La Maison du petit Bonhomme ; la Clef du Jardin du Roi.

Ces deux jeux, où la mémoire seule est mise à contribution, se ressemblent parfaitement ; car il est indifférent de dire : je vous vends la clef du jardin du roi, ou je vous vends mon petit bonhomme.

La personne de la société qui sait mieux le jeu, dira ce qui suit, en coupant chaque phrase, qui doit être répétée mot à mot par toutes les personnes de la société.

La Maison du petit Bonhomme.	La Clef du Jardin du Roi.
1°. Je vous vends mon petit bonhomme.	1°. Je vous vends la clef du jardin du Roi.
2°. Je vous vends la maison de mon petit bonhomme.	2°. Je vous vends la ficelle qui tient à la clef du jardin du Roi.

3°. Je vous vends la porte de la maison de mon petit bonhomme.

4°. Je vous vends la serrure de la porte de la maison de mon petit bonhomme.

5°. Je vous vends la clef de la serrure de la porte de la maison de mon petit bonhomme.

6°. Je vous vends la corde qni tient à la clef de la serrure de la porte de la maison de mon petit bonhomme.

3°. Je vous vends le rat qui a rongé la ficelle qui tient à la clef du jardin du Roi.

4°. Je vous vends le chat qui a mangé le rat qui a rongé la ficelle qui tient à la clef du jardin du Roi.

5°. Je vous vends le chien qui a mordu le chat qui a mangé le rat qui a rongé la ficelle qui tient à la clef du jardin du Roi.

Et ainsi de suite, tant qu'il plaira d'allonger ce qu'on dit.

Toutes les personnes de la société répètent à leur tour chacune de ces phrases, et l'on fait donner un gage à celles qui y changent quelque chose, ou qui intervertissent l'ordre des mots. On arrête le jeu quand on veut, et lorsque l'on a assez de gages. On voit qu'ils ont une grande ressemblance et qu'il est aisé de donner au discours une toute autre tournure, suivant le goût du narrateur.

Pendant que nous en sommes aux jeux de mémoire nous allons raconter celui du jardin de ma tante, mais qui présente un intérêt de plus que les précédens.

Le Jardin de ma Tante.

Il consiste comme les deux précédens à répéter ce que dit une personne de la société; on donne de même un gage toutes les fois que l'on se trompe.

Voici les cinq phrases qui font alternativement le tour du cercle.

1° Je vous vends le jardin de ma tante; ah! ah! le beau jardin que le jardin de ma tante; dans le jardin de ma tante, il y a quatre coins.

2° Dans le premier coin est un jasmin, je vous aime sans fin.

3° Dans le second est une rose, je

voudrais vous embrasser, mais je n'ose.

4° Dans le troisième est un muguet : dites-moi votre secret.

Ici chacun à son tour fait une confidence à la personne qui lui demande son secret.

> Mais craignez l'indiscrétion
> Du bavard qui vous écoute :
> Car il va dire, quoi qu'il en coûte,
> Ce que vous confiez à sa discrétion.

En effet voilà le moment.

5° Dans le quatrième coin il y a un pavot, ce que vous m'avez dit tout bas, je vais le dire tout haut.

Ici on révèle la confidence, et ceux qui ne l'avaient pas prévu rougissent quelquefois d'avoir trop dit, ou pas assez.

On rit beaucoup des secrets que l'on découvre, et c'est ce qui fait tout le piquant de ce jeu.

Les Elémens.

On se jette une pelotte les uns aux autres en nommant un des élémens ; la personne à qui on a jeté la pelotte répond par le nom d'un être vivant habitant l'élément désigné, en observant d'éviter les répétitions, si l'on ne veut pas donner des gages. Si l'on demande *feu*, on ne répond rien ; en effet il est difficile de connaître les êtres vivans qui y font leur séjour ; et lorsque l'on nomme *élémens* la personne interrogée doit répondre trois noms d'animaux, dont un soit de nature à habiter l'air, l'autre la terre, et le troisième l'eau.

L'oubli d'une des conditions de ce jeu, propre à familiariser les enfans avec les noms de tous les êtres vivans, fait que l'on donne un gage, et c'est là l'essentiel de tous les jeux.

(5o

Le Fagot.

Si l'on veut se familiariser avec les noms des différentes espèces de bois que la nature s'est plue à créer, il faut jouer ce jeu.

On commence par tirer au sort la personne qui la première doit mettre son fagot en vente. Cela fait, tout le monde s'assied, à l'exception du vendeur qui doit rester debout. Celui-ci écrit alors sur une carte le nom du bois qui doit composer son fagot, ensuite s'adressant à la première personne de droite, il lui dit: *Voulez-vous acheter mon fagot? Volontiers, répond-on. Dites-moi donc de quel bois il se compose;* ici la personne interpellée nomme un bois quelconque; si ce n'est pas celui écrit sur sa carte, le vendeur continue à faire le tour de la société en répétant la même proposition, jusqu'à ce qu'il rencontre quelqu'un qui, ayant deviné juste, prenne sa place et donne un gage. S'il termine le tour du cercle sans avoir été deviné, il donne lui-même un gage, et recommence à vendre son fagot à la première personne, sans en changer le nom, et sans qu'aucun acheteur puisse répéter un nom de bois déjà nommé dans le premier tour, ce qui fait donner autant de gages que l'on commet de fois cette faute.

Comme chaque personne se creuse la tête pour trouver les noms des bois les plus inconnus, il est quelquefois nécessaire de leur demander de quelle partie du monde ce bois est originaire, et quelques autres détails qui, propres à l'instruction, donnent au jeu un attrait de plus.

Les Métiers.

Ce jeu se joue de deux manières. Les

enfans le jouent par signes, les personnes raisonnables en racontant chacune
une histoire qui ait rapport à l'état dont
on a fait choix. Nous appellerons le
premier les métiers à la muette, et le
second les métiers par récit.

Les Métiers à la muette.

Chacun convient de celui qu'il choisit, et du signe indicatif qui le représen-
tera ; ensuite l'un des joueurs remplit le
rôle de maître, et se place en consé-
quence au milieu de tous les autres qui
doivent toujours avoir les yeux fixés sur
lui.

Toute la finesse du jeu consiste à
faire le signe du maître aussitôt que ce
dernier fait celui de l'état que l'on a
adopté ; dès qu'il en change on reprend
son état : si l'on n'est pas attentif aux
mouvemens qu'il fait, on donne souvent
des gages, et l'habileté du maître à va-

rier souvent les métiers, en augmente considérablement le nombre.

Ce jeu ne plaît pas long-temps, et surtout aux dames par le silence qu'il faut y observer ; mais en le jouant quelques instans, on est sûr d'avoir assez de gages pour occuper le reste de la soirée.

Les Métiers par Récit.

Celui-ci plaît plus généralement parce qu'on peut lui donner une tournure amusante ; on y fait également choix chacun d'un métier quelconque. La personne qui commence le jeu s'adresse ensuite à sa volonté à celle de la société qu'il lui plaît, en la priant de raconter une histoire. Observons que toujours un monsieur fait cette demande à une dame, et une dame à un monsieur, ce qui fait que l'on entend alternativement l'histoire d'un homme et celle d'une femme. Il est aussi convenu que chaque histoire aura un rapport direct avec le métier choisi, et que chaque fois que dans le cours de la narration on prononcera le nom du métier dont aura fait choix un des joueurs, celui-ci sera obligé de répondre un mot relatif à son art sans jamais répéter le même, sous peine de donner un gage.

On voit que ce jeu prête beaucoup à rire par l'arrangement des histoires que chacun est obligé d'improviser; et que pendant qu'il s'occupe à la préparer, il ne s'aperçoit pas qu'on vient de le nommer, et qu'il lui en coûte un gage pour n'avoir pas répondu. Ce jeu est propre à faire briller la facilité que quelques personnes ont à s'exprimer; quant à celles qui n'ont pas reçu ce don de la nature, il leur est permis autant que possible, d'abréger leur histoire, mais il faut néanmoins qu'elles racontent quelque chose.

Le Cordonnier.

Voilà encore un jeu qui tient à l'espèce du précédent: chacun y prend un
nom relatif à cet art seulement.

Ainsi donc on aura :

Le maître,	Le cuir,
Le fil gros,	La halle,
L'alène,	L'argent,
La poix,	Le voisin,
L'empeigne,	Les souliers,
La semelle,	Les bottes,
Le tranchet,	Les cloux, etc.

Chaque fois qu'un de ces noms est
nommé, celui qui le porte doit de suite
prendre la parole; quand on prononce
le nom de *boutique* tout le monde se
lève en disant; *eh bien! partons tous.*
On ne peut ensuite se rasseoir qu'après
que l'on aura été nommé.

Supposons la conversation suivante:

Le voisin. — Bonjour, maître.
Le maître. — Bonjour, voisin.

Le voisin. — Je viens chercher mes bottes.

Les bottes. — Vous ne les aurez pas sans argent.

L'argent. — C'est juste; n'est-il pas vrai, maître?

Le maître. — Sans doute; sans quoi je ne puis avoir de cuir.

Le cuir. — On n'en donne pas pour rien à la halle.

La halle. — Allez-y plutôt voir, voisin.

Le voisin. — Eh bien! vous en aurez, maître.

Le maître. — Tant mieux, car sans cela, tout va mal dans la boutique.

Tous en se levant : — Eh bien! partons tous.

Le maître. — Ne vous en allez pas; que ferai-je sans fil gros? Fil gros s'asseyant : sans alène? L'alène s'asseyant : sans tranchet? Le tranchet, se rasseyant : et sans cuir? etc.

Le jeu continue ainsi jusqu'à ce que tout le monde soit assis; alors, quand on veut finir, le maître dit : *Je ferme ma boutique.*

Si l'on ne répond pas à l'instant que

on est nommé, ou si l'on s'assied mal
à propos, il en coûte un gage : c'est un
jeu qui quoiqu'assez insignifiant de lui-
même en fait donner beaucoup.

La Feuille d'Amour.

On se sert d'un jeu de cartes comme
celles pour le piquet ; on les donne par
deux à la fois, et de manière à ce que
chacun en ait un nombre égal. On a
l'attention de les cacher soigneusement.
La personne qui a donné, demande ensuite à celle qui se trouve la première
en cartes : *avez-vous lu la feuille d'a-
mour* ? On lui répond : *oui, je l'ai lue.
Qu'y avez-vous vu* ? Ici la personne
interrogée dit : *j'ai vu...* une carte quelconque, qui bien entendu n'est pas parmi les siennes. S'il en est resté au talon
et qu'elle soit du nombre, elle donne
un gage ; mais si elle est dans les mains
d'une autre personne de la société, celle-

ci la donne au distributeur ; et si elle est
d'un sexe différent à l'autre, elle est
obligée de donner un baiser. Dans le
cas contraire, la personne qui a de-
mandé une carte fait la même question
à son voisin de droite, et le jeu continue de la même manière. Le distributeur examine, à chaque appel, celles
qui sont au talon, et qu'on lui a rendues
au fur et à mesure, pour faire donner
des gages à ceux qui les demanderaient.
On se retire du jeu lorsque toutes les
cartes que l'on a dans la main ont été
appelées.

On voit que ce jeu n'est pas sans intérêt ; il occupe la mémoire pour se
rappeler toutes les cartes qui ont été
demandées, et fait former plus d'un
vœu aux personnes qui composent la
société où on le joue.

Le Chevalier Gentil.

Voici un jeu qui prête beaucoup à rire, par la figure plaisante que prend chaque personne de la société, en raison de la plus ou moins grande quantité de cornets de papier de différentes couleurs dont sa tête est ornée.

Pour s'y préparer, on en apprête un nombre suffisant. On se place ensuite en cercle, et le cavalier qui commence le jeu s'adresse à son voisin de droite, et lui dit : Bonjour, chevalier gentil, toujours gentil ; moi, chevalier gentil, toujours gentil, je viens de la part du chevalier gentil, toujours gentil, vous dire que son phénix a un bec d'or.

Cette phrase, répétée de la même manière, fait le tour de la société, et si l'on se trompe, on reçoit un cornet dans sa coiffure. Les dames sont chargées de coiffer les messieurs, qui, par recon-

naissance, leur rendent le même service.
On continue ensuite, en ayant soin seulement de nommer chevalier cornard,
au lieu de chevalier gentil, ceux dont
la tête est ornée de cornets. Ainsi, sup-
posant qu'il y ait, au second tour, un
chevalier qui se soit trompé, son voisin
de droite s'exprimera en ces termes :
Bonjour, chevalier gentil, toujours gentil ; moi, chevalier gentil, toujours gentil, je viens de la part (en le montrant)
du chevalier cornard à une corne, vous
dire que son phénix a des yeux de diamant. On observe de dire cornard à tant
de cornes, suivant la quantité des cornets de papier. On en use de même en
parlant de soi.

Aussitôt qu'une phrase a fait le tour,
on recommence de la même manière,
en parlant, chaque fois, d'une nouvelle
partie du corps du phénix, et donnant
à chacune une qualité. Ainsi, on pourra

dire ensuite, que son phénix a le corps
de cuivre, les plumes d'argent, les griffes
d'airain, le cœur d'acier, etc., suivant
l'idée de la personne qui conduit le jeu.
Lorsqu'il est terminé, on donne autant
de gages que l'on a de cornets sur la tête.

Je me trouvais, il y a quelque temps,
dans une société où l'on jouait le *Chevalier Gentil*; mais on faisait dire aux
dames : Moi, gente damoiselle, toujours
belle; et à mesure que leurs têtes s'ombrageaient de cornets, elles changeaient
en disant : Moi, damoiselle cornette à
tant de cornes. De même les messieurs,
en parlant aux dames, et en parlant
d'elles, étaient obligés de dire : Bonjour, gente damoiselle, toujours belle ;
moi, chevalier gentil, toujours gentil,
je viens de la part (en montrant une
autre dame, parce que l'on avait placé
une dame entre deux cavaliers) de la
gente damoiselle, toujours belle, etc.

Cette manière de le jouer m'ayant paru plus naturelle, et donnant à ce jeu une attention de plus, j'ai cru pouvoir la présenter ; et je suis certain qu'il plaira infiniment, joué de cette manière. D'ailleurs il est très-amusant de voir tous ces cornets mollement agités au moindre mouvement de la tête qui les porte, et les plaisanteries qu'ils font naître : car la malice s'introduit partout.

Le Jeu de l'Alphabet, ou J'aime mon Amant par A.

Ce jeu consiste à dire, sur toutes les lettres de l'alphabet :

Les Dames.	*Les Hommes.*
J'aime mon amant par A,	J'aime ma maîtresse par A,
Parce qu'il se nomme Antoine.	Parce qu'elle se nomme Aimée.
Je le nourris d'artichauts.	Je la nourris d'anguilles.
Je l'ai pris à Anvers,	Je l'ai prise à Angers,
Et je le quitterai à Amiens.	Et je la quitterai à Angoulême.

Chaque cavalier et chaque dame est obligé d'en dire autant, en changeant les noms.

Le tour fini, on recommence par le B, et ainsi de suite des autres lettres de l'alphabet.

On le joue quelquefois en donnant à son amant, ou à sa maîtresse, seulement une qualité, en commençant par la lettre par laquelle on l'aime, ou bien un défaut; car il est aussi permis de dire : Je ne l'aime pas par A. Dans ce cas, il suffit de s'exprimer ainsi : J'aime mon amant par B, parce qu'il est bon; j'aime mon amant par C, parce qu'il est constant; j'aime ma maîtresse par B, parce qu'elle est belle; j'aime ma maîtresse par C, parce qu'elle est caressante, etc., en continuant de la même manière. Il devient alors plus aisé; mais en le jouant comme il a été indiqué d'abord, il présente d'assez grandes difficultés; il a même un but instructif. On conçoit bien que l'on donne un gage chaque fois que l'on ne trouve pas les mots commençant par la lettre sur laquelle on joue, ou que l'on en répète qui ont déjà été nommés. C'est un des jeux où l'on en donne le plus.

La Sellette.

Voilà un jeu où la mémoire et l'esprit sont mis à contribution. Toute la société se place en cercle, et au milieu s'assied l'accusé, que le sort désigne, à moins que quelqu'un ne s'offre de bonne volonté à paraître sur la sellette. Une autre personne de la société se charge du rôle d'accusateur; chacun l'est à son tour, comme étant le plus pénible à remplir.

Tout le monde ainsi disposé, l'accusateur, debout au milieu du cercle, dit à haute voix : Ministres de la justice, voulez-vous bien me dire pourquoi cet accusé comparaît devant vous? Ensuite, s'approchant de chaque personne, en commençant par la droite, il écoute la raison qu'elle lui donne tout bas; et lorsqu'il a recueilli toutes les voix, il s'approche de l'accusé et lui dit : Vous êtes sur la sellette, parce que.... (alors il lui expose ce que chaque personne lui a dit). Cela fait, l'accusé tâche de deviner celle qu'il croit avoir répondu une des raisons que l'on lui a données. S'il devine juste, il cède sa place à celle qu'il a devinée, et qui donne un gage. Le jeu continue ensuite de la même manière, en changeant d'accusateur. Il faut observer que celui-ci donne un gage, s'il oublie de dire à l'accusé une des choses qu'on lui aura répondues. Si l'accusé n'a pu deviner personne, il reste sur la sellette.

On le joue aussi en exigeant que l'accusé devine chaque accusation; alors chaque personne reconnue donne un gage, et la première nommée va sur la sellette. L'accusateur, qui dans ce cas doit nommer de suite la personne reconnue, donne également un gage s'il se trompe.

Ce jeu offre infiniment d'occasions de faire briller l'esprit, en adressant à l'accusé un compliment ou une critique adroite, sans cependant être mordante: ce qui ferait faire de ce jeu un usage dangereux. L'accusé aussi trouve l'art de deviner les accusations dans l'habitude qu'il a de fréquenter les personnes de la société, et d'étudier leur caractère; parce que chaque réponse en porte toujours l'empreinte. Ce jeu est très-agréable lorsqu'il est joué par des personnes spirituelles, parce qu'alors toutes les accusations sont remplies de finesse et d'esprit.

L'Avocat.

Voici encore un jeu attrayant par l'esprit qu'il exige de tous les membres de la société qui le joue. Chacun se choisit un avocat, et il est convenu que personne ne prendra la parole pour soi : c'est à l'avocat de défendre les intérêts de la personne qui l'a choisi.

Cela bien entendu, une des personnes entame une histoire, où elle fait paraître adroitement le nom d'une de celles présentes dans la société. Aussitôt qu'elle est nommée, son avocat doit prendre la parole et continuer sur le même ton, et ainsi de suite ; mais s'il oublie, il donne un gage. Il en est de même si la personne nommée a voulu se défendre elle-même.

Ce jeu, quoique simple, est fort joli ; il fait donner beaucoup de gages, surtout quand l'histoire que l'on raconte est intéressante et bien amenée. En effet, quel parti ne peuvent pas tirer de ce jeu des personnes qui joignent à l'esprit une connaissance intime de leurs habitudes particulières ! Parce qu'alors, entraîné par l'attrait de la narration, l'avocat oublie son client, et celui-ci, qui s'entend interpeller pour une chose à laquelle lui seul pourrait réellement répondre, le fait en effet, et les gages pleuvent de toutes parts.

La Pincette.

Ce jeu, que les enfans jouent en criant à celui d'entre eux qui cherche l'objet caché : *Tu brûles*, pour marquer qu'il s'en approche, a subi des changemens qui en font, à mon gré, un des plus jolis jeux de société. Dans le principe, il suffisait de cacher quelque chose, et la personne qui s'était mise à l'écart devait la trouver, guidée seulement par ces pa-

oles : *Vous brûlez*, prononcées dis-
tinctement ou d'une manière à peine
intelligible ; ce qui signifiait, dans le
premier cas : Vous vous en approchez ;
dans le second : Vous vous en éloignez.
Si elle renonçait à continuer ses recherches, elle donnait un gage. Bientôt on
eut l'idée de prendre une pincette, au
moyen de laquelle l'ordonnateur du jeu
indiquait le rapprochement ou l'éloi-
gnement de l'objet, par les sons plus ou
moins précipités formés par le batte-
ment, sur les deux branches de la pincette, d'une clef qu'on passait entre elles ;
mais jusque-là le jeu, étant très-simple,
n'offrait qu'un mince intérêt.

On imagina donc de compliquer ce
qu'on exigeait du patient, et il devint
alors, sous une forme attrayante, un
exercice singulièrement propre à développer l'intelligence. Une fois il s'agira,
pour un jeune homme, de venir aux

pieds d'une dame que l'on aura désignée, et là, de lui faire une déclaration.
La récompense pourra être un baiser,
mais ici le patient, que je suppose avoir
réussi jusqu'à présent, et que le tinte-
ment de la pincette avertit qu'il lui reste
encore quelque chose à faire, se doutera
qu'il s'agit d'un baiser. Respectueuse-
ment il prendra une main : point du
tout, la pincette l'avertit qu'il n'y est
pas ; il présume alors qu'on veut lui réserver un plaisir plus parfait ; déjà ses
lèvres vont effleurer les roses qui cou-
vrent une joue : la pincette l'arrête au
moment qu'il allait goûter le bonheur
parfait. Confus, déconcerté, il rougit de
s'être donné tant de peine en vain ; dans
son dépit, il s'avoue vaincu : on reçoit
son gage ; les éclats de rire redoublent ;
et, pour le rendre encore plus à plaindre,
on lui dit qu'au lieu de baiser la joue
droite de sa belle, c'était la gauche ; et,

plus déconcerté encore, il reconnaît la vérité de cette maxime d'un sage : Le bonheur nous échappe quand nous croyons le saisir.

Lorsqu'il se trouve dans la société des amateurs de musique, ce jeu devient charmant. Ou une jeune personne, placée au piano, guide par ses accords le joueur incertain ; ou un violon, par une mesure plus ou moins prompte, lui indique le but auquel il doit atteindre.

Pour prouver le parti qu'on peut tirer de ce jeu, je vais citer un trait qui, je crois, ne sera pas déplacé, et qui démontrera que, même en jouant, on peut instruire et former les mœurs, et presque appliquer ces mots de Santeuil :

Castigat ridendo mores.

Je me trouvais, il y a quelques années, dans une société parfaitement bien composée, et qui ne dédaignait

pas de jouer aux Jeux innocens. Le fils
de la maison sortit à son tour, pendant
que l'on concertait ce qu'on lui donnerait à deviner; un amateur de violon
devait guider sa marche. Nous étions
dans les vacances, et le jeune homme
dont je parle avait été couronné à son
collége, prix qu'il ne devait aucunement
à la considération et à la fortune de son
père, mais à son seul mérite. On le rappelle, et l'air : *Où peut-on être mieux*,
lui offre matière à réflexion. Il s'avance
vers la société : le ralentissement des
sons lui annonce qu'il se trompe; après
quelques hésitations, desquelles il est
tiré par le talent du musicien, il se di-
rige vers un canapé au-dessus duquel se
trouvait une glace où était suspendue
la couronne littéraire, que le père, glo-
rieux des succès de son fils, montrait
avec orgueil à tous les regards. Ici le
violon fait entendre vivement l'air de

la Victoire est à nous. Le jeune homme lève les yeux sur la couronne, y porte la main ; l'archet, précipitant les sons, le confirme dans son intention : il saisit la couronne ; mais qu'en faire ? Le violon a encore changé d'air, et *Jeunes Amans , cueillez des fleurs* l'engage à se diriger vers son père. Ici un *allegro* l'encourage dans sa marche : il s'avance avec respect vers l'auteur de ses jours ; sa main, levée au dessus de sa tête, va y déposer la couronne ; mais l'air de *la Piété filiale,* commencé avec lenteur, l'avertit qu'il n'est pas encore au but ; il suppose qu'il doit parler avant de couronner son père ; il s'en acquitte en ces termes :

> O vous qui, lisant dans mon cœur,
> Voulez que je couronne un père :
> Il m'est bien doux de satisfaire
> A ce vœu qui fait mon bonheur.

Pendant que le père, attendri, pressait contre son cœur son fils chéri, les applaudissemens retentissaient de toutes parts. Je n'ai pas besoin de dire que chaque dame s'empressa de récompenser ce jeune homme de l'adresse et de l'esprit qu'il avait montrés dans cette occasion.

L'Ami.

Chacun s'empressera de faire un ami ; il est si rare d'en rencontrer de vrai, que l'on profite de l'occasion.

Voilà ce que c'est qu'un ami : quelqu'un de la société va se cacher, et, pendant ce temps, on choisit le mot que l'on veut lui faire deviner ; on en choisit quelquefois un qui ait plusieurs acceptions, tels que *glace, bergère, jalousie,* etc. Le mot une fois arrêté, on appelle la personne qui doit le deviner ; elle rentre, et demande à chacun : *Comment l'aimez-vous?* On lui répond quelque chose en rapport direct avec le mot choisi.

Je suppose que l'on ait adopté *bergère ;* les réponses à la question *comment l'aimez-vous ?* pourraient être : Je l'aime blonde, brune, vive, en velours bleu, à l'ombre d'un bois, dans un salon, au coin du feu, etc. L'une des réponses fait découvrir à celui qui devine le nom de l'ami ; il doit alors indiquer la personne qui l'a fait deviner, qui prendra sa place et donnera un gage.

On le joue encore différemment. On choisit un monosyllabe, tel que *don , cor, son, char, ver, mer, port,* etc., qui, joints à d'autres syllabes , forment des mots. Je suppose donc que l'on ait choisi *cor.*

À la question *comment l'aimez-vous?* on pourra répondre :

Moi, je l'aime . . . . net.
Moi. . . . . don.

Moi, je l'aime . . . nue.
Moi. . . . . beau.
Moi. . . . . billard.
Moi. . . . . rompu.
Moi. . . . . recteur.
Moi. . . . . régidor.

Ici le devineur s'apercevra que c'est *cor*, dont il fera :

> Cor-net.
> Cor-don.
> Cor-nue.
> Cor-beau.
> Cor-billard.
> Cor-rompu.
> Cor-recteur.
> Cor-régidor.

Et celui qui l'aura fait deviner donnera un gage.

Il se joue encore en mettant le monosyllabe à la fin des mots, tel que celui-ci, *ton*, auquel on pourra répondre :

> Pi.
> Pon.

Mou.

Glou.

Bâ.

Bos, etc.

Dont le devin fera aisément :

Pi-ton.

Pon-ton.

Mou-ton.

Glou-ton.

Bâ-ton.

Bos-ton.

Si, après avoir fait le tour de la société, on n'a pas deviné, on donne un gage.

Ce jeu fait beaucoup rire, par les réponses que l'on est obligé de faire, et il exerce singulièrement l'esprit.

Les Métamorphoses.

Les Métamorphoses se jouent de deux manières.

La première a quelques rapports avec

la Sellette. Chaque personne se change, à son tour, en un objet quelconque, suivant sa volonté. Toute la société se range en cercle, et la personne métamorphosée se place isolément sur un siége : c'est ordinairement une dame qui commence. Alors une autre, qui sait bien le jeu, fait le tour du cercle en demandant à chacun : Si madame était... (telle chose), qu'en feriez-vous ? qu'en penseriez-vous ? et que voudriez-vous être ? Après que l'on a répondu tour-à-tour, la personne qui recueille les voix, et qui doit avoir l'attention de les bien retenir, les transmet à celle qui s'est métamorphosée, qui doit, parmi les réponses, reconnaître quelqu'un, qui alors donne un gage et se métamorphose à sa place ; mais si elle ne devine pas, elle donne elle-même un gage, et choisit une autre métamorphose.

Je suppose que la dame qui se méta-

morphose ait dit : Je voudrais être co-
lombe ; chaque personne trouvera aisément des réponses flatteuses et analogues à ce changement. L'on pourra dire :
*Je la conserverai dans ma volière , je
voudrais être ramier, je l'attelerai au
char de Venus , je la défendrai contre
les vautours ; sa blancheur serait le
symbole de son âme , elle ne serait pas
plus douce,* etc. Ce jeu est très-agréable ;
il met l'esprit en évidence, et chacun,
à son gré, peut faire un compliment ou
dire une malice, suivant que l'occasion
est favorable, et que la personne métamorphosée donne sujet à l'un ou à
l'autre ; mais cependant chaque réponse
doit toujours être faite de manière à ne
pas blesser la personne à qui elle s'a-
dresse, par un compliment exagéré, et
par conséquent déplacé, ou par une
critique trop mordante, et qui, par
cette raison, serait peu polie.

(80)

Le choix de la métamorphose n'est
point embarrassant, et dépend absolument de l'idée, puisque l'on n'a aucun
compte à rendre de son choix.

L'autre manière de jouer les Métamorphoses est également très-amusante,
mais bien plus difficile. Les dames et
les cavaliers sont successivement placés
à côté les uns des autres, de manière à
ce qu'il y ait une dame et un cavalier;
ceux qui ne peuvent se placer ainsi ne
prennent point part au jeu, dont ils
restent spectateurs et juges. Les couples
ainsi formés, les dames commencent.

La première dira à son cavalier:

Puisque vous avez la faculté de vous
métamorphoser en un animal quelconque, dites - moi, gentil chevalier,
duquel vous voudriez prendre la forme.

Le cavalier. — Je voudrais prendre
celle d'un chien.

La dame. — *Pourquoi?* (C'est le

mot obligé, ou on donne un gage quand on l'oublie, ou qu'on le change.)

Le cavalier.— Parce que je serai fidèle comme lui, et que près de vous on ne peut désirer autre chose.

La dame. — Oui, mais vous seriez malheureux, en butte aux mauvais traitemens des uns et des autres.

Le cavalier. — Je les endurerais patiemment, si j'étais certain que vous ayiez pitié de mon sort.

La dame. — Eh bien! soyez donc chien, puisque telle est votre envie.

La deuxième dame à son cavalier : En quel animal voudriez-vous être changé?

Le cavalier. — En renard.

La dame. — *Pourquoi*?

Le cavalier.—Parce qu'il est le symbole de la prudence, et que j'ai besoin d'en avoir beaucoup pour résister à la séduction que vos beaux yeux font naître.

La dame. — Oui, mais vous courriez risque d'être pris dans le piége.

Le cavalier. — Cela est vrai ; mais la même prudence me le ferait éviter, à moins que le piége ne fût tendu par vous : parce qu'alors je voudrais y être pris.

La dame. — Eh bien ! soyez donc renard, puisque c'est votre envie.

La troisième dame. — En quel animal voudriez-vous être changé ?

Le cavalier. — En oiseau.

La dame. — *Pourquoi ?*

Le cavalier. — Pour avoir le bonheur de voltiger sur vos traces.

La dame. — Oui, mais que de dangers vous menaceraient ! Vous seriez obligé de souffrir le froid de l'hiver, et exposé à mourir de faim dans cette saison.

Le cavalier. — Cela est vrai ; mais vous êtes si bonne, que j'irais vous demander une cage, et je doute très-fort que je veuille vous quitter au printemps.

La dame. — Eh bien ! soyez donc oiseau, puisque c'est votre envie.

Le jeu continue ainsi tant qu'il y a des dames. Le tour fini, la première demande à son cavalier : Si vous étiez chien, que donneriez-vous à votre belle?

Le cavalier. — Je me donnerais tout entier à elle, pour la défendre dans l'occasion. (Il faut observer que la réponse doit être analogue à l'espèce d'animal dont on a fait choix.)

La deuxième dame. — Si vous étiez renard, que donneriez-vous à votre belle ?

Le cavalier.—Je lui donnerais toutes les poules que je pourrais prendre.

La troisième dame. — Si vous étiez oiseau, que donneriez-vous à votre belle?

Le cavalier. — Je lui ferais présent de mes ailes, afin d'être enchaîné auprès d'elle.

Alors commence le tour des cavaliers ; chacun d'eux fait à sa dame les mêmes questions et observations, et ensuite ajoute : Que donneriez-vous à celui qui vous aimerait, pour prix de son amour ?

Le premier cavalier à sa dame.—Puisqu'il vous est permis de vous changer en un animal quelconque, dites-moi, belle dame, duquel vous voudriez prendre la forme.

La première dame pourra répondre : Je voudrais être fauvette.

Le cavalier. — Pourquoi ?

La dame. — Pour célébrer par mes chants les merveilles de la nature.

Le cavalier. — Oui, mais un oiseleur méchant vous rendrait captive.

La dame.—Les hommes sont si per-

ides, que je les fuirais avec tant de soin,
que j'éviterais leurs piéges..

Le cavalier. — Et que donneriez-
vous à celui qui vous aimerait, pour
prix de son amour?

La dame. — Mon cœur et ma liberté,

Cet exemple et ceux qui précèdent
suffisent pour faire connaître ce jeu. Ce
n'est pas d'ailleurs en apprenant par
cœur des demandes et réponses, qu'il
est intéressant. Tout son mérite est de
fournir des occasions de faire briller
l'esprit par des métamorphoses heu-
reuses, et des réponses parfaitement
conformes aux questions.

La difficulté de ce jeu est donc, lorsqu'on a choisi sa métamorphose, de
donner une raison valable de ce choix,
et une application juste des qualités,
propriétés ou défauts de l'animal que
l'on voudrait être. La personne qui interroge doit également avoir l'attention

de faire une objection dans le sens naturel des dangers ou accidens qui peuvent menacer l'animal choisi.

Par conséquent, l'on donne un gage:

1° Lorsque l'on choisit un animal déjà nommé.

2° Lorsque l'on ne répond pas : *Pourquoi?*

3° Quand la raison qui justifie le choix que l'on a fait n'est pas valable.

4° Quand l'objection n'est pas analogue aux dangers que peut courir la personne interrogée , sous la forme qu'elle a prise.

5° Quand la réfutation de cette objection n'est pas juste.

6° Quand le don que l'on fait ne peut entrer dans les attributions de l'animal dont on a désiré la forme, ou se trouve incompatible avec son caractère. Il ne faut pas non plus que les réponses, ob-

...ctions et réfutations ressemblent à celles qui ont déjà été faites.

On voit qu'il est essentiel d'avoir des juges; aussi les personnes qui n'ont pu former un couple, ainsi que toutes les autres de la société, excepté les deux seules qui s'interrogent, décident la validité de chaque métamorphose.

Le Peintre et les Couleurs.

Une seule personne conduit ce jeu; elle prend le nom de peintre, et toutes les autres des noms de couleurs, tels que blanc, noir, gris, bleu, vert, rouge, blond, jaune, violet, lilas, puce, écarlate, etc. Cela fait, avant de jouer, il faut convenir de toutes les réponses obligées.

Elles sont au nombre de cinq.

1° Quand le peintre prononce *couleurs*, tous s'écrient : *Nous voici.*

2° A *pinceau*, tous répondent : *brosse.*

3° A *brosse*, tous : *gare! gare!*

4° A *palette*, tous : *couleurs.*

5° Quand une couleur est nommée par le peintre, elle en nomme de suite une autre, qui répond : *Ah! monsieur le peintre.* On donne un gage quand on oublie une de ces conditions.

Voici un exemple de ce jeu :

Le peintre. — Je voudrais faire un tableau; mais mon embarras est de savoir sous quels habits je vais représenter les deux personnages. Mon sujet sera les adieux de Télémaque à Minerve, au moment où cette déesse a repris sa forme divine ; mais je voudrais savoir quelles *couleurs* (ici tous à la fois : *nous voici*) je donnerais à ses vêtemens. Le *blanc* (le blanc répond : *et noir;* le noir : *ah! monsieur le peintre*) est, je crois, ce qui convient le mieux. Qu'on m'apporte ma *palette* (tous : *couleurs*), et que la toile, animée sous mon *pinceau* (tous :

brosse), prenne la taille enchanteresse de cette déesse, son port majestueux ; que des yeux *noirs* (le noir : *et rouges ;* le rouge : *ah! monsieur le peintre*) peignent la vivacité de son esprit, et forment un contraste charmant avec les yeux *bleus* (le bleu : *et lilas ;* le lilas : *ah! monsieur le peintre*) de Télémaque, où l'on lira la candeur de son âme ; ses cheveux *blonds* (le blond : *et blancs ;* le blanc : *ah! monsieur le peintre*) retomberont en longues tresses sur sa tunique *écarlate* (l'écarlate : *et jaune ;* le jaune : *ah! monsieur le peintre*). Et ainsi de suite.

Ce jeu fait donner beaucoup de gages, quand le peintre a l'art de captiver l'attention de ses auditeurs par la description d'un tableau fait ou à faire.

Le Papillon.

« Voici encore un jeu très-amusant,

par la variété qu'il offre et les difficultés qui s'y rencontrent.'

Toutes les dames de la société prennent chacune un nom de fleurs, et les cavaliers un nom d'insectes. Ainsi, les dames s'appelleront la rose, la violette, la tulipe, la tubéreuse, la pensée, l'hortensia, etc.; les hommes : le papillon, la chenille, le bourdon, le frélon, l'abeille, la fourmi, etc., suivant la fantaisie des uns et des autres; ces noms doivent être retenus par chaque joueur, s'il veut s'éviter de donner des gages. Cela fait, on convient de ce qui suit :

1° Chaque fois que l'on s'entend nommer, on doit prendre la parole; on ne doit pas répondre au nom d'un autre.

2° Les dames ne peuvent nommer que les insectes, et les messieurs, que les fleurs.

3' Il est défendu de nommer une

fleur ou un insecte dont aucune personne de la société n'a pris le nom.

4° Quand on parle du *jardinier,*
toutes les dames doivent tendre la main
droite, comme la fleur ouvre son calice
à l'eau rafraîchissante que le jardinier
lui apporte; les messieurs, au contraire,
se lèvent, pour signifier que les insectes
fuient sa présence.

5° Au mot *arrosoir,* les dames se
lèvent, comme les fleurs qui se redres-
sent lorsque l'eau a étanché la soif qui
faisait incliner leur tête; les cavaliers
mettent le genou en terre, par la raisou
que les insectes qu'ils représentent re-
doutent l'eau, qui pourrait leur ôter
la vie.

6° Si l'on nomme le *soleil,* tous les
joueurs se lèvent, pour rendre hom-
mage au régénérateur de la nature.

Dans ces trois derniers cas, on ne
reprend sa première position qu'après

que la personne qui parle a nommé une
fleur ou un insecte.

On peut à volonté nommer le papillon.

On voit que ces conditions font donner beaucoup de gages, parce qu'il faut
une grande attention pour les bien remplir toutes.

Une fois cela bien convenu, le papillon, qui est ordinairement le joueur qui
connaît mieux le jeu, l'ouvre de la manière suivante :

En apercevant un parterre dont les
fleurs brillent d'un éclat aussi vif, je
suis indécis du choix que je dois faire ;
toutes, égales en fraîcheur, m'attirent
également vers elles : cependant je vais
me reposer sur la rose.

La rose. — Ah ! gentil papillon, que
n'êtes-vous moins frivole ! je vous rece-
vrais avec plaisir ; mais je redoute telle-

ment votre inconstance, que je préfé-
rerais une guêpe.

La guêpe. — Charmante rose, ce
que vous venez de dire m'enhardirait à
m'approcher de vous ; mais je ferais un
mauvais usage de vos parfums ; d'ailleurs
je crains le jardinier (ici chacun remplit son rôle), et j'aime mieux me cacher dans le gazon, pour y chercher
l'humble violette.

La violette. — Grand merci, je vous
fais grâce de vos recherches, et je préfère réserver mes faveurs à l'insecte qui,
comme l'abeille....

L'abeille prend ensuite la parole, et
le jeu se continue de la même manière.
L'esprit et la finesse des joueurs peuvent
le rendre très-intéressant.

Les Complimens.

Tout le monde sait faire des complimens ; cependant il est rare d'en faire

qui soient à propos et bien tournés.
Dans ce jeu, bon gré mal gré, il faut en
venir là; et malheureusement encore,
c'est que souvent le sujet donné est tout
opposé à quelque chose de flatteur. Ce
jeu aussi n'est bon qu'à jouer un instant, et par des personnes capables de
sentir la valeur d'une expression; il a
quelque analogie avec les Métamorphoses.

La société se place en rond, de manière à ce qu'il y ait successivement un
monsieur et une dame. Tout le jeu consiste à choisir le nom d'un animal que
l'on voudrait être, ensuite à demander
à la personne de gauche : *Savez-vous
pourquoi?* et, lorsqu'elle a répondu,
à celle de droite : *Qu'y gagnerais-je?*
c'est toujours la personne de droite qui
doit faire le compliment.

C'est ordinairement les dames qui
commencent à parler, pour donner aux

...valiers l'occasion de les complimenter les premiers.

Une dame dira donc : Je voudrais être *fourmi ;* à son cavalier de gauche : *Savez-vous pourquoi ?* C'est, lui répondra celui-ci, parce que vous amasseriez l'été de quoi vivre pendant l'hiver. Et à son cavalier de droite : *Qu'y gagnerais-je ?* Vous y gagneriez, lui dira-t-il, de trouver, par vos économies, l'occasion de soulager les malheureux, et d'exercer la bienfaisance que chacun renomme en vous.

La deuxième dame : Je voudrais être *pie ;* à son cavalier de gauche : *Savez-vous pourquoi ?* C'est que sans doute vous aimez à parler. Et à celui de droite : *Qu'y gagnerais-je ?* Vous gagneriez tous les cœurs, dont l'éloquence de vos discours acheverait la conquête, que vos beaux yeux ont déjà commencée. Ainsi de suite pour les dames, et toujours un compliment en rapport direct avec le mot choisi.

Un cavalier dira à son tour : Je voudrais être *serpent*; à la dame qui est à sa gauche : *Savez-vous pourquoi?* C'est que sans doute vous aimez à ramper. Et à celle de droite : *Qu'y gagnerais-je?* Vous y gagneriez, comme beaucoup d'autres, quelque emploi honorable, avec cette différence, que vos talens et vos lumières feraient bientôt reconnaître qu'il est encore au-dessous de votre mérite.

Un autre pourra dire : Je voudrais être *lion*; *savez-vous pourquoi?* C'est que sans doute vous voulez être fort et brave. *Qu'y gagnerais-je?* L'estime du monde entier, en ne faisant, comme votre cœur vous y porte, usage de votre bravoure et de votre force que pour défendre la veuve et l'orphelin.

Ces exemples suffisent pour faire

connaître ce jeu, que d'ailleurs on ne joue jamais long-temps ; cependant, quand il est commencé, il faut achever le tour de la société, parce que chaque personne tient à sa part de complimens que l'amour-propre fait toujours désirer. La finesse de ce jeu est toujours de choisir un animal qui soit plutôt le symbole du mal que du bien.

On donne un gage quand on répond au *savez-vous pourquoi*, quelque chose qui n'est point dans les attributions de l'animal choisi, et quand le compliment est mal fait.

Il est d'usage que les dames récompensent les complimens par une joue ou une main qu'elles donnent à baiser, et les messieurs, en se levant, par un salut ou par une génuflexion devant l'aimable complimenteuse.

———

L'Acrostiche.

Ce jeu consiste à proposer, chacun à son tour, un mot composé d'autant de lettres qu'il y a de personnes dans la société, moins une, qui est celle qui conduit le jeu ; c'est-à-dire que, si l'on est huit, le mot doit avoir sept lettres.

Voici un exemple de ce jeu, qui le fera mieux comprendre.

La personne qui commence se munit d'un morceau de papier et d'un crayon, pour écrire chaque mot qu'on lui répondra ; elle dit ensuite : J'ai acheté un *diamant* (ou toute autre chose qui lui vient à l'esprit, pourvu qu'il renferme les conditions exigées). Je voudrais en faire échange. Ensuite elle demande au premier joueur à sa droite : Que me donnerez-vous pour mon *D* ? et la même chose aux autres pour chaque lettre. Elle écrit les réponses au fur et à mesure.

Je suppose qu'on a fait les suivantes :

Pour le D, un dindon.
Pour l'I, une image.
Pour l'A, une amende.
Pour l'M, un manchon.
Pour l'A, un anneau.
Pour l'N, des noix.
Pour le T, un torchon.

Une fois que toutes les réponses sont écrites, elle les lit à haute voix, et est obligée ensuite de raconter quelque chose où les sept mots donnés se trouvent renfermés.

Voilà à peu près le parti que l'on peut en tirer : Voulez-vous savoir ce qu'on gagne à être méfiante ? Croyant que ma bonne faisait danser l'anse du panier, ce matin j'ai pris un *torchon* et je suis allée moi-même au marché ; j'ai fait emplette d'un *dindon*, et de *noix* pour mon dessert. En revenant, j'ai rencontré un marchand d'estampes ; et désirant avoir une *image* pour ma petite fille, je tirai ma main de mon *manchon*, et perdis mon *anneau*. En rentrant chez moi, ma bonne murmura pendant deux heures, et dans sa mauvaise humeur, ayant tiré brusquement les rideaux, elle m'a fait tomber la tringle sur la tête : ce qui m'a fait penser de suite au proverbe des *battus qui paient l'amende*.

Ce jeu est intéressant par sa difficulté et les histoires plaisantes auxquelles il donne naissance.

On paie un gage pour répondre un mot déjà donné, ou pour en oublier un dans l'emploi des objets proposés.

Les Charades en action.

Voici un jeu qui, parmi ceux d'esprit, offre le plus de difficultés, et que toutes les sociétés se plaisent à jouer. La société se divise en deux parties qui, alternativement, proposent des charades, que l'autre portion doit deviner par les actions analogues de ceux qui proposent et le sens de leur discours.

On choisit pour ce jeu des mots dont les syllabes coupées forment un nom de chose quelconque, tels, par exemple, que *portefeuille*, où l'on trouve *porte* et *feuille*; *chardon*, où l'on trouve *char* et *don*; *corbillard*, où l'on trouve *cor* et *billard*, etc.

Ainsi je suppose que l'on ait choisi le mot *corbillard*; la partie de la société qui propose la charade commencera, par ses actions et sa conversation, à imiter un *cor*; ensuite on pourra faire le simulacre de jouer au billard; puis enfin, se réunissant en file les uns derrière les autres, en prenant un air affligé, imiter les pleureurs qui suivent au monument la dépouille d'un mortel. On a le soin de dire aux personnes qui devinent : *Voilà notre premier*, quand on a fait tout ce qui peut y avoir rapport; *voilà notre second*, quand également les actions qui doivent le représenter sont terminées; et enfin, *voilà notre tout*, lorsque l'on a mis la dernière main à l'œuvre.

Si alors le mot n'est pas deviné, chaque personne qui compose la partie de la société à laquelle la charade est proposée, donne un gage; ou, si on le préfère, elles sont condamnées à en deviner une nouvelle qu'on lui présente.

Il est des occasions où, pour mieux imiter les mots que l'on présente à la sagacité des devins, on change quelque chose à son habillement. Dans les sociétés qui y jouent souvent, on a des costumes; mais on conçoit qu'il est aisé de s'ajuster convenablement à son rôle, au moyen d'un schall, d'un mouchoir, d'un bâton que l'on prendra à la main, en se courbant pour imiter la vieillesse, etc.

L'Amphigouri.

Voici un jeu qui prête beaucoup à rire. Chaque personne de la société choisit un état ou un commerce quelconque, à l'exception de celle qui conduit le jeu. Cela fait, cette personne prend la parole, et raconte une histoire qu'elle improvise, et la plus intéressante possible, parce que plus elle occupe l'attention, et plus elle fait donner de gages.

La condition de ce jeu est de répondre au narrateur, chaque fois qu'il s'arrête en vous regardant, un terme technique du métier que l'on a choisi, et jamais le même.

Je suppose donc que les joueurs soient, l'un apothicaire, les autres, huissier, fruitière, lingère, marchand de vin, bouchère, etc.

Le narrateur commence à peu près

ainsi : Il m'est arrivé une plaisante histoire. Ce matin, en sortant de chez moi, j'ai rencontré une jeune personne parfaitement mise, et courant dans la rue comme.... (il regarde l'huissier).

L'huissier. — *Un exploit.*

Le narrateur. — Etonné, je la rejoins et lui offre mon.... (il regarde le marchand de vin).

Le marchand de vin. — *Broc.*

Le narrateur. — Qu'elle accepte à l'instant, en s'écriant : Monsieur, il est donc encore sur la terre des.... (il regarde la fruitière).

La fruitière. — *Navets.*

Le narrateur. — Qui prennent pitié des êtres souffrans. Calmez-vous, mademoiselle, lui dis-je ; nous allons prendre un.... (regardant l'apothicaire).

L'apothicaire. — *Lavement.*

Le narrateur. — Et nous irons beaucoup plus vite où vous voulez aller.

Faites-moi l'honneur de me dire le sujet de votre.... (regardant la bouchère).

La bouchère. — *Gigot.*

Le narrateur. — Elle me dit alors qu'elle était sur le point de perdre son... (regardant la fruitière).

La fruitière. — *Ognon.*

Le narrateur. — Et qu'elle me priait de la conduire chez un.... (il regarde l'huissier).

L'huissier. — *Papier timbré.*

Le narrateur. — Qui puisse apporter quelques soulagemens aux maux qui l'accablaient. Je m'empressai de me rendre à ses vœux ; je la conduisis chez un célèbre médecin, et dès qu'elle l'eut trouvé, elle disparut, sans daigner seulement me faire ses.... (regardant la lingère.)

La lingère. — *Chemises.*

On peut continuer cet amphigouri tant que l'on veut, et l'on fait donner

un gage aux personnes qui hésitent à
répondre, ou qui ne disent point un
mot conforme à leur profession, aussitôt que le narrateur les regarde. L'attention que l'on prête à son discours,
et les éclats de rire qu'occasionent les
réponses burlesques, font souvent oublier ce que l'on doit faire, et il en ré-
sulte beaucoup de gages.

Le Propos interrompu.

Voilà comme il se joue : toute la société se range en cercle, et la personne
qui commence ce jeu fait tout bas, à son
voisin de droite, la question qui lui
vient à l'esprit. Le voisin, après avoir
répondu juste à la question, en fait une,
à son tour, à la personne qui se trouve
à sa droite, et ainsi de suite. Le tour
fini, chacun dit tout haut les demandes
et réponses qui lui ont été faites. Pour

cela on découvre la demande faite par la personne de gauche, et on y oppose la réponse qu'a faite celle de droite : ce qui donne lieu à des quiproquos assez plaisans. Comme ce jeu est très-connu, nous ne nous y arrêterons pas plus long-temps.

Le Mot placé.

Ce jeu, qui doit son origine au *Propos interrompu*, est infiniment plus joli et plus spirituel.

On se place en cercle également, et chaque personne dit un mot, le plus baroque possible, à l'oreille de son voisin de droite. Lorsque chacun a son mot, qu'il doit bien retenir, la première personne fait alors à son voisin de gauche une question quelconque, à laquelle il doit répondre en plaçant le mot qu'il a reçu. Lorsqu'il a répondu, il interroge à son tour le joueur qui est à sa gauche, qui doit faire la même chose que lui, et ainsi de suite.

Pour mieux faire comprendre ce jeu, je vais en donner un exemple.

Je suppose que chaque joueur a reçu un mot, et que le dernier ait à placer *amour*; la première personne lui faisant la question suivante : Aimez-vous à vous baigner ?

On voit qu'il y a une certaine différence entre l'amour et un bain. Cependant on peut facilement se tirer d'affaire.

J'aime beaucoup à me baigner, répondra-t-il, et je suis même assez habile dans l'art de nager. Je conseille à tous les jeunes gens de s'y livrer; il est utile; et je pourrais en citer mille exemples. Une demoiselle, à qui je voulais plaire, me disait souvent qu'elle n'accorderait son cœur qu'à un homme qui saurait nager. Cet avis fut pour moi un ordre, et je fis des progrès rapides, qui ne doivent point étonner, puisque j'avais *l'Amour* pour maître.

On donne un gage quand on ne parvient pas à placer le mot reçu, en répondant juste à la question faite, et sans avoir recours à une nomenclature, c'està-dire, à faire passer le mot au milieu de quelques autres dans le même sens.

Les Coqs-à-l'Ane.

Ce jeu ressemble beaucoup aux deux précédens; on se place de même; une seule personne, restée debout, s'écarte de la société, pour ne pas entendre le mot que chacun va dire tout bas à l'oreille de son voisin à droite. Cela fait, le joueur qui s'est éloigné se rapproche du cercle, et fait à chaque personne la question qui lui vient à l'esprit; à laquelle on doit répondre aussitôt le mot que l'on a reçu : ce qui fait effectivement des coqs-à-l'âne fort plaisans. Cela suffirait

pour faire connaître le jeu ; mais en voici
un exemple. Je suppose que , chacun
ayant reçu un mot, la personne qui interroge pose les questions suivantes :

Au premier.—Qu'est-ce que l'amour?

Réponse. — Un bonbon.

Au deuxième.—Qu'est-ce que la vie?

Réponse. — Une course.

Au troisième. — Qu'est-ce que la
sagesse ?

Réponse. — Une anguille.

Au quatrième. — Quelle est la récompense de la vertu?

Réponse. — Le bonheur.

Au cinquième. — Qu'est-ce que la
comédie ?

Réponse. — Un miroir.

Au sixième. — Par qui êtes-vous le
plus trompé?

Réponse. — Par le plaisir.

On voit ici que les mots reçus étaient

*bonbon , course , anguille , bonheur,
miroir* et *plaisir.*

Toute la difficulté consiste, par l'interrogateur, à poser des questions différentes, sous peine de donner un gage,
et par la personne interrogée, à répondre
son mot sans hésitation ; ce qui occa-
sione assez souvent des répliques qui,
quoique burlesques, n'en sont pas moins
piquantes, et prêtent beaucoup à rire.
On donne également un gage, si l'on
oublie le mot que l'on a reçu.

Les trois Règnes.

Ce jeu consiste à deviner, au moyen
de douze questions, auxquelles il faut
répondre juste, le mot qu'ont choisi les
joueurs ; à cet effet, celui qui doit deviner sort un instant, pendant que l'on se
concerte sur l'objet qu'on proposera.

Lorsque l'on en est convenu, celui
qui fait jouer le jeu doit encore expli-

quer à la société, pour les personnes qui pourraient l'ignorer, que tout ce qui existe est classé en trois règnes, que l'on nomme, l'un, le règne animal, le deuxième, le végétal, et le troisième, le minéral. Le règne animal comprend tout ce qui a vie et mouvement, et tout ce qui provient d'un être animé; le règne végétal comprend tout ce qui est le produit de la terre par la végétation, tels que les arbres et les différentes espèces de plantes et légumes; enfin, le règne minéral comprend tout ce qui n'a ni vie, ni mouvement, et qui tient de la nature des métaux ou des objets pétrifiés.

Après une explication semblable, on peut commencer le jeu, en observant encore, cependant, que non seulement on doit répondre juste, mais dire aussi si l'objet pensé est un composé de matières appartenant à des règnes différens, ou s'il peut être classé dans un seul règne. Quant à la manière de poser les questions, elles dépendent absolument de celui qui doit deviner.

On donne un gage quand, après douze questions, on n'a pas deviné, et quand, en répondant, on a fait une fausse réponse.

Voici un exemple de ce jeu :

Je suppose que le mot pensé soit *araignée.*

Le devin interrogera une personne de la société, ou toutes alternativement, en ces termes :

1° De quel règne est l'objet pensé ?
R. Du règne animal pur.
2° Est-il animé ?
R. Oui.
3° Est-il bipède ou quadrupède ?
R. Ni l'un, ni l'autre.
4° Est-ce un oiseau ?
R. Non.

5° C'est donc un insecte.

R. Oui.

6° Habite-t-il dans les champs, ou dans les maisons ?

R. Dans les uns et dans les autres.

7° A-t-il une contrée qui lui soit favorite ?

R. On le trouve dans tous les pays.

8° De quoi se nourrit-il ?

R. De mouches.

9° C'est alors une araignée.

On voit qu'ici on aurait deviné avant les douze questions ; mais assez souvent on a beaucoup de peine à y parvenir. Toute l'attention qu'il faut avoir est de ne point faire de demandes inutiles. Ce jeu n'est pas sans mérite, ni sans attraits, car il offre des occasions de s'instruire.

L'Echo.

Une seule personne conduit ce jeu, en racontant une histoire dans laquelle

les mêmes noms doivent reparaître souvent, afin que les personnes qui les por-
tent, et qu'on suppose être l'écho, les
répètent une ou deux fois quand le narrateur les prononce. On choisit de pré-
férence des histoires de capucins, où
l'on peut trouver beaucoup de noms de
choses à leur usage, et que l'on peut
souvent ramener sur le tapis, tels que
*bourdon, besace, cordon, chapelet,
barbe, sandales*, etc., ou des aventures
de militaires, qui en présentent également un très-grand nombre.

Avant de le jouer on adopte chacun
un nom, que la personne qui conduit le
jeu affecte à chaque joueur, pour qu'ils
soient analogues à l'histoire qu'il va raconter. La convention est de répéter une
fois les mots que le narrateur prononce
deux fois, et deux ceux qu'il ne dit
qu'une.

Voici comme je l'ai vu jouer.

On avait donné les noms suivans :

1° Bras-de-Fer.

2° Cœur-d'Acier.

3° La moustache.

4° Le sabre.

5° La giberne.

6° Le manteau.

7° La trompette.

Le narrateur nous conta l'anecdote ci-après :

Deux hussards étaient logés chez un honnête fermier. L'un se nommait Bras-de-Fer.

L'écho. — Bras-de-Fer, Bras-de-Fer.

Le narrateur. — Et l'autre, Cœur-d'Acier.

L'écho. — Cœur - d'Acier, Cœur-d'Acier.

Le narrateur. — Après avoir quitté son sabre.

L'écho. — Sabre, sabre.

Le narrateur. — Et sa giberne, giberne.

L'écho. — Giberne.

Le narrateur. — Bras-de-Fer.

L'écho. — Bras-de-Fer, Bras-de-Fer.

Le narrateur. — Ayant jeté un coup
d'œil sur les deux demoiselles du fermier, dont l'extérieur lui en imposait
infiniment, examina les localités. Il
avait l'habitude de sortir rarement d'une
maison sans emporter quelque chose
sous son manteau (ici la personne qui
devait répondre, l'ayant oublié, donna
un gage), ou bien c'est que cela lui était
impossible; il aperçut des jambons dans
la cuisine : ce qui lui fit former de suite
le projet d'en escamoter un. En consé-
quence, le lendemain après le déjeuner,
au moment où la trompette....

L'écho. — Trompette, trompette.

Le narrateur. — Les appelait; Cœur-
d'Acier....

L'écho. — Cœur - d'Acier, Cœur-d'Acier.

Le narrateur. — Qui avait le mot, et qui avait paru de fort mauvaise humeur toute la matinée, voyant que les filles du fermier ne quittaient pas la cuisine, et par conséquent empêchaient l'exécution du dessein de Bras-de-Fer, Bras-de-Fer....

L'écho. — Bras-de-Fer..

Le narrateur. — Relevant sa moustache....

L'écho. — Moustache, moustache.

Le narrateur. — Et fronçant le sourcil, dit à son camarade : Il y a long-temps que tu me déplais ; il faut que cela finisse. Je veux te passer mon sabre....

L'écho. — Sabre, sabre.

Le narrateur. — Au travers du corps. Ici son camarade se levant d'un air courroucé : Ventrebleu! s'écrie-t-il, j'aimerais mieux te manger tout cru comme un jambon. Alors, d'un air furieux, les deux champions se précipitent l'un sur l'autre, le sabre....

L'écho. — Sabre, sabre.

Le narrateur. — A la main. Les filles du fermier, effrayées de ce spectacle, s'esquivent d'un pas léger. Aussitôt *Bras-de-Fer*, d'un coup de *sabre*, coupe la corde qui suspendait un jambon ; *Cœur-d'Acier* l'enveloppe sous son *manteau*, et les deux ennemis réconciliés remettent gaîment le *sabre* dans le fourreau, et riant dans leurs *moustaches* de leur tragédie comique, montent lestement à cheval et arrivent au rendez-vous.

On voit combien de gages furent donnés ici par l'*écho* paresseux. Ce jeu en procure beaucoup, surtout quand le narrateur fait un récit amusant.

Les Rimes.

Ce jeu consiste à se faire successivement une question les uns aux autres, à
laquelle on doit répondre juste, en ar-
rangeant la réplique de manière à ce
que le premier mot rime exactement
avec le dernier de la question.

Ce jeu n'est pas sans difficultés ; on
donne un gage quand on ne répond pas
selon cette condition, et quand, en faisant les questions, on ne place pas une
rime féminine après une masculine.

Voici comme il se joue : La société
se place en cercle, les dames à côté des
messieurs. La personne qui commence
fait à son voisin de droite une question
que je suppose être celle-ci :

Un cavalier. — Madame aime-t-elle
à *plaire* ?

La dame doit répondre juste, et le

remier mot de la réponse doit rimer avec *plaire*.

La dame. — Le *taire* est mon devoir.

Cette dame au cavalier à droite. — Monsieur aime-t-il les *chansons* ?

Le cavalier. — Les *raisons* qui font que je les aime, sont que vous les embellissez par votre voix.

Le cavalier à sa dame à droite. — Voulez-vous venir à *Bagatelle* ?

La dame. — Ma *dentelle* n'est pas prête ; je ne peux sortir.

Cette dame à son cavalier à droite. — Que faites-vous en *dormant* ?

Le cavalier. — Un *charmant* songe me retrace vos traits.

Le cavalier à sa dame à droite. — Me pardonnerez-vous mon *offense* ?

La dame. — L'*indulgence* est ma première vertu.

Cette dame à son cavalier à droite. — Où voulez-vous *aller* ?

Le cavalier. — M'*installer* à la campagne.

Et ainsi de suite; quand le tour est fini, l'on recommence.

Ce jeu fait donner beaucoup de gages, surtout quand on a soin de choisir des rimes difficiles.

Le Conte impromptu.

Il s'agit, en jouant ce jeu, de composer un conte dans le genre noble, en y faisant concourir toutes les personnes de la société. Ce conte est ordinairement un mélange de fééries, de chevalerie, de tours, de châteaux forts, d'enchanteurs, etc.

Celui qui commence le jeu s'appelle ordinairement *confident;* les autres prennent des noms analogues à l'histoire que l'on va raconter, tels que *le château, le capitaine des gardes, le ministre, le favori, le parc, la forêt,* etc.

Cela fait et bien convenu, celui qui commence entame une histoire, en s'efforçant de captiver l'attention. La convention est de prendre la parole chaque fois qu'on entend nommer le nom que l'on porte, et de continuer le conte dans le sens où il a été commencé. Une autre condition encore est que, lorsque le confident parle, et que, dans le cours de son récit, il a l'air de chercher un mot, et qu'il désigne une personne du doigt, cette personne doit lui en souffler un opposé au sens de son discours. On donne un gage chaque fois que l'on oublie de prendre la parole, ou qu'entraîné par l'esprit du narrateur, on lui donne justement un mot qui lui convient, au lieu de lui en fournir un dans un sens contraire.

Pour mieux le faire comprendre, je suppose que les noms choisis soient:

Le confident,

Le palais,
La tour,
La forêt,
Le tournois,
Le capitaine des gardes.

Le narrateur commence ainsi :

Sous le règne de Pharamond, roi de France, un chevalier nommé Artenor, qui cherchait partout son père, qu'il n'avait jamais connu, parut dans la capitale des Gaules. Exercé, depuis sa plus tendre enfance, au maniement des armes, il avait acquis une habileté surprenante dans tous les exercices, et une réputation fameuse. Le roi de France, également renommé par sa galanterie, assemblait à cette époque tous les chevaliers de l'Europe, et, à l'occasion du mariage de sa fille Emma, voulait donner un *tournoi*.

Le tournoi, reprenant la parole : Ma-

gnifique; tout ce qu'il y avait de braves
dans la chevalerie, tout ce qu'il y avait
de beautés à la cour du puissant mo-
narque, devaient s'y trouver réunis. Mais
Arténor, se promenant un jour dans les
jardins du *palais....*

Le palais.——Qu'il trouva admirables,
y rencontra le *capitaine des gardes.*

Le capitaine des gardes. —— Et ayant
entamé avec lui une conversation, d'a-
bord insignifiante, parvint à savoir
beaucoup de détails relativement à la
princesse. Il le quitta alors; puis étant
allé chercher un chevalier, son ami et
son *confident....*

Ici le récit revient à la personne qui
l'a commencé, qui doit être celle qui
parle avec le plus de facilité. On conçoit
déjà que chaque fois que le nom que
l'on a choisi reparaît, il faut prendre la
parole; et, lorsque l'on craint de ne pas
s'en tirer comme il faut, on tâche de

fairê intervenir un des noms adoptés par la société : ce qui fait que l'on est débarrassé de suite.

Le confident continue donc ainsi : Brave Perceval, lui dit-il, toi qui as rompu tant de lances ; toi, dont tant de lauriers ombragent la tête, viens soutenir par tes conseils le courage de ton ami. Je viens d'apprendre que la princesse Emma est un assemblage de vertus, de beauté (ici il a l'air d'hésiter, et indique du doigt la personne qui doit lui souffler un mot tout opposé à sa pensée, sous peine de donner un gage).

La personne indiquée. — *Défauts.*

Le confident. — Défauts seulement pour ceux qu'elle hait, et de bonté pour celui qu'elle préfère. Cette nouvelle a enflammé mon cœur de la passion la plus violente. Je veux la voir, ou... (il désigne quelqu'un du doigt).

Si la personne désignée répondait

périr, elle donnerait un gage, parce que ce mot serait dans l'idée du narrateur ; mais, au lieu de celui-là, suppposons qu'elle répondre *vivre*.

Le narrateur, obligé de continuer son récit, dira : Ou vivre à jamais loin des hommes, au milieu des bêtes sauvages, dans une *forêt*.

La forêt doit continuer de suite, où elle donne un gage.

Cela doit être suffisant pour faire connaître ce jeu, qui devient intéressant et fait donner beaucoup de gages, quand celui qui remplit le rôle de confident a le talent de captiver l'attention de ses auditeurs.

On voit aussi que sur un pareil début, on pourrait faire un conte fort long, en faisant pénétrer le chevalier dans le palais, s'entretenir avec la princesse ; et enfin, le rendant vainqueur de tous ses

rivaux dans le tournoi, pour sa récompense lui faire obtenir la main de la
fille du roi, et rencontrer son père au
milieu des chevaliers qui combattraient
contre lui.

Le Secrétaire.

Il faut, pour ce jeu, une table munie
de tout ce qui est nécessaire pour écrire.
On se place à l'entour, et la personne
qui a la charge de secrétaire fait autant
de feuilles de papier qu'il y a de personnes ; chacun en prend une, et écrit
son nom en tête. Cela fait, le secrétaire
les prend, les plie, les mêle, et en donne
à chacun une, qu'il prend au hasard.
Alors on écrit librement sur la feuille
qui est échue en partage, ce que l'on
pense de la personne dont le nom s'y
trouve. On plie ensuite sa feuille, et on
la remet au secrétaire. Lorsqu'il les a
toutes, il en fait lecture à haute voix,

...une laisser voir les écritures, et les brûle au fur et à mesure.

Ce jeu se joue rarement, parce qu'il serait dangereux avec des personnes qui useraient trop librement du droit de tout dire, et ensuite parce qu'il ne peut convenir qu'à des gens d'esprit et liés entre eux par une amitié solide.

L'Histoire.

Voilà encore un jeu semblable au précédent; toute la différence est qu'au lieu de mettre chacun son nom en tête de la demi-feuille de papier, on met le titre d'une histoire.

Ainsi je suppose que le premier ait écrit en tête de sa feuille de papier : *Histoire de l'Amour.*

Il pourra écrire au-dessous la phrase suivante :

L'origine de l'Amour me paraît un mystère; on croit qu'il est fils de Mars et de Vénus, et cependant il est aussi vieux que le Monde, dont il est le *père*.

Ayant eu soin de mettre *père* au commencement de la ligne, il plie la feuille de manière à ce que la personne qui doit écrire après lui ne voie que ce seul mot. Cette personne alors ne peut écrire que d'après les idées que ce mot lui fournit, et par conséquent pourrait mettre :

Heureux au sein de sa famille, le respect de ses enfans l'environne ; il leur donne l'exemple de la vertu, et jouit de son *ouvrage*. Pliant alors le papier comme le premier, le joueur qui le suit, et qui ne voit que le mot *ouvrage*, écrit encore ce qu'il en pense. Le jeu se continue ainsi jusqu'à ce que toutes les feuilles soient pleines, et le secrétaire fait alors lecture de ces histoires où chacun a mis sa phrase, ce qui les rend souvent très-amusantes et très-risibles.

(131)

Voici une autre manière de le jouer,
qui prête beaucoup à rire. Au lieu
de mettre en tête le titre d'une histoire,
on met des mots convenus, qui sont
ordinairement ceux de *monsieur, madame,* et autant de verbes qu'il est nécessaire pour compléter tous les papiers.
Cela fait, chacun écrit un nom au-dessous du mot *monsieur* et au-dessous du
mot *madame,* et ensuite un membre de
phrase ou une phrase entière au-dessous
de chaque verbe. Chaque personne met
en avant de ce qu'elle écrit sur chaque
papier un numéro, qui est celui de l'ordre
dans lequel elle écrit, par conséquent 1
si elle écrit la première; et lorsque toutes
les feuilles sont remplies, on les place
sur la table, à côté les unes des autres,
de manière à pouvoir lire de suite tout
ce qui est écrit sous le même numéro,
en répétant à chaque fois le mot qui est
en tête de la feuille. Ainsi, je suppose

que l'on soit six, et que les mots placés
sur les feuilles soient, sur la première
monsieur, sur la seconde *madame*, sur
la troisième *font*, sur la quatrième *vont*,
sur la cinquième *disent*, et sur la sixième
reviennent. Ayant écrit chacun ce qui
est venu à l'idée, on aurait, en en faisant
lecture, des phrases à peu près semblables à celles-ci :

Monsieur	madame,	font	vont
1. Bertrand,	Dumont,	les enfans,	à Paris,
2. Simon,	Petit,	des sottises,	à la Courtille,

disent	reviennent
des malices,	en pot-de-chambre,
des bétises,	en se querellant.

Cela suffit pour faire connaître ce que
peut être ce jeu, qui fait plus rire que
dire des choses d'esprit.

On le joue encore de la manière suivante : on place en tête des morceaux
de papier le timbre d'un air connu ; on
se passe les papiers les uns aux autres ;

chacun fait un vers du couplet. Ce
jeu n'est pas sans mérite.

Voici un couplet que j'ai vu faire
ainsi :

Air de la Pipe de Tabac.

Nargue l'Amour et la Folie,
Vive Bacchus et le bon vin ;
L'un fait le tourment de ma vie,
L'autre dissipe le chagrin.   (*bis.*)
  Ah ! si l'on pouvait toujours plaire,
  L'amour alors serait charmant ;
Mais la beauté seule est sévère,
Et Bacchus ne l'est pas autant. (*bis.*)

C'est ainsi que je terminerai ce recueil. On n'y trouvera pas des jeux d'attrape, ni aucuns de ceux que rejette le
bon ton de la société ; mais seulement
ceux qu'on peut jouer partout, et qui
peuvent amuser et développer l'intelligence de la jeunesse. Cependant chacun
pourra faire un choix ; et s'il s'y trouve
quelques jeux enfantins, il en est qui
n sont point indignes des personnes

raisonnables et spirituelles, et dont l'a-
grément augmente encore quand ce sont
elles qui les jouent. Du reste, aucun ne
fera tourner le feuillet par quelque plai-
santerie déplacée ; et je crois que l'on
pourrait appliquer à cet opuscule ce
vers de Boileau :

La mère en permettra la lecture à sa fille.

DES PÉNITENCES.

Voici le moment du plus grand plaisir : c'est celui où chaque gage va être racheté, et où l'on va payer la peine de ses fautes ; mais souvent cette peine se change en plaisir, et une douce pénitence fait regretter au patient de ne s'être trompé qu'une fois. C'est ici que l'on va réellement trouver l'occasion de faire briller son esprit.

Au moment de tirer les gages, qui se trouvent ordinairement dans les mains de la personne la plus raisonnable de la société, la première pénitence est ordonnée par celui des joueurs qui n'en a point donné ; et dans le cas où personne n'est exempt, on désigne au sort celui qui ordonnera le premier. Avant d'ordonner, le gage doit être séparé des autres ; ensuite c'est la personne qui vient d'exécuter la pénitence qui ordonne à son tour.

Nous diviserons les pénitences en deux classes : la première comprendra celles qui ne présentent point de difficultés ; la deuxième, celles pour lesquelles il faut de l'esprit.

DES PÉNITENCES FACILES.

Le Tracas de Polichinelle.

La dame à qui cette pénitence est ordonnée se choisit une bonne amie ; elle court ensuite embrasser tous les cavaliers de la société, et chaque fois elle revient rendre le baiser à sa bonne amie, qui reste tranquillement assise sur sa chaise.

La Pendule.

La dame à qui cette pénitence est

Infligée, se place debout au milieu de
la société; et en appelle une autre à son
choix. La personne appelée est obligée
de demander quelle heure il est. La
pendule lui répond le nombre qu'elle
veut, et elle doit être embrassée autant
de fois qu'elle a nommé d'heures.

La Statue.

Pour s'acquitter de cette pénitence,
la dame se place debout au milieu de la
société; elle prend successivement la
position que chaque personne indique.

Embrasser celle qu'on aime sans qu'on la reconnaisse.

Cette pénitence consiste à embrasser
toutes les dames de la société.

Le Baiser à la Religieuse.

Il s'agit d'embrasser la dame que l'on
choisit, au travers des barreaux d'une

chaise, en se mettant à genoux, la dame d'un côté, et le cavalier de l'autre.

Le Pèlerinage.

Le cavalier conduit une dame par la main ; il fait ainsi le tour de la société, en demandant, à chaque cavalier, *un petit morceau de pain pour lui, et un baiser pour sa sœur;* et à chaque dame, *un petit morceau de pain pour sa sœur, et un baiser pour lui.* Chaque cavalier embrasse la pèlerine, et chaque dame reçoit un baiser du pèlerin.

Demander l'aumône.

Le cavalier va se mettre à genoux devant une dame, et frappe légèrement avec ses deux mains sur ses genoux. Cette dame lui demande : *Voulez-vous telle chose ?* Tant que ce qu'elle lui offre n'est pas un baiser, il répond à chaque question, en continuant de frapper sur

son genoux ; mais lorsqu'elle lui demande : *Voulez-vous un baiser?* alors
il se lève et l'embrasse.

Le Voyage à Cythère.

Le cavalier à qui cette pénitence est
ordonnée sort avec une dame de la société ; alors il l'embrasse, et touche la
partie qu'il veut de son vêtement. Il
rentre ensuite en la tenant par la main,
et demande à chaque personne de la
société ce qu'il a touché ; si l'on se
trompe, il donne un baiser à l'objet
nommé ; mais si l'on devine, c'est la
personne qui a deviné, et alors la pénitence est achevée ; autrement il continue
de faire le tour de la société.

Le Cheval d'Aristote.

Le cavalier condamné à cette pénitence se met à quatre pates, et promène
autour de la société, assise sur son dos,

une dame que chaque cavalier embrasse en passant.

Le Chevalier de la triste figure.

Cette pénitence consiste à tenir assise sur ses genoux une dame, qui appelle un autre cavalier qui l'embrasse : ce qui n'est pas propre à lui rendre la figure gaie.

Le Pont d'Amour.

Le cavalier à qui il est ordonné de faire le *pont d'amour*, se place à quatre pates, et reçoit sur son dos un cavalier et une dame qui s'y assoient, l'un d'un côté, et l'autre de l'autre, et s'y embrassent.

Le Voyage à Corinthe.

Le cavalier à qui cette pénitence est infligée prend une lumière d'une main, et donne l'autre à un cavalier qui lui fit faire le tour du cercle, en s'arrêtant devant chaque dame, et lui essuyant la bouche avec un mouchoir blanc, à chaque baiser qu'il donne. Cette pénitence n'est pas une des plus agréables.

Le Portier du Couvent.

Celui à qui cette pénitence est ordonnée est consigné à la porte d'un cabinet, dont il est chargé d'ouvrir la porte et de la fermer. Une dame s'y enferme; elle frappe ensuite; le portier ouvre; elle lui dit à l'oreille le nom du cavalier qu'elle veut qu'il appelle. Alors le portier nomme le cavalier désigné, à haute voix, et en ces termes : *La sœur* (qu'il nomme) *attend le frère* (qu'il nomme). Le cavalier entre, et le portier ferme la porte sur lui. Un instant après, le cavalier appelle tout le couvent, pour faire finir plus tôt la pénitence du portier.

Embrasser le dessous du Chandelier.

On prend le flambeau, et on le soutient au-dessus de la tête de la personne que l'on embrasse.

Pour embrasser le chandelier, on prie une dame de tenir la bougie que l'on ôte du flambeau, et en l'embrassant ensuite, on exécute sa pénitence.

Le Baiser à la Capucine.

Le cavalier et sa dame se mettent à genoux dos à dos, et tournent ensemble la tête à gauche; alors le cavalier dégage son bras gauche, dont il entoure la taille de la dame, et parvient à l'embrasser.

Les Aunes d'Amour.

Le cavalier entrelace les doigts de chaque main dans les mains de la dame désignée; il les réunit sur sa poitrine, e ensuite étend les bras. Chaque fois que cela a lieu, il embrasse la dame : ce qui s'appelle une aune d'amour. Cela se répète autant de fois que l'on a ordonné de mesurer d'aunes.

Le Berceau d'Amour.

La personne à qui cette pénitence est ordonnée en désigne une autre d'un sexe différent, et vient avec elle se placer au milieu de la société, en se tenant les mains qu'elles élèvent, et en se faisant face; la dame alors nomme un cavalier, et le cavalier une dame, qui, se tenant également par la main, se présentent pour passer sous le berceau; le premier couple les entoure alors de ses bras, et ils ne peuvent en sortir qu'en donnant un baiser. Ce second couple se place après le premier, et désigne à son tour un cavalier et une dame, qui passent sous les deux berceaux en payant le

même tribut à chacun, et ainsi de suite
tant que l'on peut former des couples.

Aller soupirer.

La personne à qui cette pénitence est
infligée se retire dans un coin du salon.
On lui demande alors : *Pour qui sou-
pirez-vous ?* Elle désigne une personne
d'un sexe différent, qui se lève, l'embrasse et se place devant elle ; celle-ci
en appelle une autre, qui fait la même
chose, et ainsi de suite jusqu'à ce qu'il
n'y ait plus personne assis. Alors la première personne qui est allé soupirer
revient à sa place, et en passant le long
de la file, elle embrasse toutes les personnes qu'elle rencontre d'un sexe différent au sien. Chacun ensuite retourne à
sa place, toujours en faisant la même
cérémonie.

Aller bouder.

Lorsque l'on doit aller bouder, on désigne le nom d'une personne à l'oreille de celle qui a ordonné cette pénitence, et l'on tourne le dos à toutes les personnes qui se présentent pour embrasser, jusqu'à ce que ce soit celle que l'on a désignée.

Le Baiser du hasard.

La personne à qui cette pénitence est ordonnée, mêle ensemble les quatre rois et les quatre dames d'un jeu de cartes; elle les distribue ensuite à quatre cavaliers et à quatre dames, et ordonne aux personnes qui ont les rois d'embrasser celles qui ont les dames de la même couleur.

La Planche de Chêne.

Cette pénitence consiste à se placer debout, le dos contre une porte; ensuite

13

il faut appeler une personne d'un autre sexe, qui vient se placer en face de la première ; celle-ci en appelle une autre qui se met dos à dos, et ainsi de suite jusqu'à ce que toute la société soit debout et en file : alors chacun se retourne et embrasse son vis-à-vis. C'est au pénitent à savoir s'il veut embrasser la porte.

Embrasser son ombre.

Pour embrasser son ombre, on se place entre la lumière et la personne que l'on veut embrasser.

Etre aux ordres de la société.

Pour exécuter cette pénitence, on fait tout ce qu'ordonne chaque personne de la société. Si l'on est aux ordres d'une seule personne, on a à faire seulement ce que cette personne ordonne.

Faire l'opposé des volontés de la société.

Quand on a une telle pénitence à remplir, on fait le contraire de ce qu'ordonne chaque personne. Par exemple, si l'on défend de chanter, c'est alors qu'il faut le faire.

L'Exil.

La personne exilée se retire dans un coin du salon, et là, elle ordonne la pénitence suivante, qui s'exécute sans qu'elle puisse rentrer dans le cercle : quelquefois on l'exile pour deux ou trois pénitences ; d'autres fois, jusqu'à la fin des gages.

Le Roi de Maroc.

Le cavalier auquel on a ordonné cette pénitence se choisit un associé ; les deux cavaliers prennent chacun un flambeau d'une main, et placent l'autre sur la poitrine; ils se retirent ensuite chacun dans un coin opposé du salon. Ils s'avancent alors l'un vers l'autre d'un air grave, et les yeux baissés, soupirent en se rencontrant, lèvent les yeux au ciel et continuent lentement leur marche, en changeant alternativement de coin, et en disant, surtout sans rire, ce qui suit. Chaque demande et chaque réponse a lieu à chaque rencontre, ce qui fait qu'ils doivent se croiser quatre fois.

A la première
rencontre, le 1er cavalier. — Quelle nouvelle ?
            le deuxième. — Hélas !
A la deuxième, le premier. — Le roi de Maroc est mort.
            le deuxième. — Hélas ! hélas !
A la troisième, le premier. — Il est enterré.
            le deuxième. — Hélas ! hélas ! hélas ! hélas !
A la quatrième, le premier. — Il s'est coupé le cou d'un coup de coutelas.
            le deuxième. — Hélas ! hélas ! hélas ! et quatre fois hélas !

Petit Papier.

Pour exécuter cette pénitence, on demande à chaque personne de la société : *Si j'étais petit papier, que feriez-vous de moi ?* Chacun répond comme il le juge à propos.

Le Perroquet.

La personne qui doit devenir perroquet, demande à chaque personne de la société : *Si j'étais perroquet, que me feriez-vous dire ?* Chacun s'amuse à lui faire dire ce qu'on apprend aux perroquets.

DES PÉNITENCES QUI EXIGENT DE L'ESPRIT.

Faire une Confidence.

Il y a plusieurs manières de s'acquitter de cette pénitence. La première, que l'on nomme simplement *faire une confidence*, a effectivement lieu en en faisant une bas à l'oreille de la personne désignée.

La deuxième, que l'on nomme *la Confidence passagère*, s'exécute en faisant une confidence bas à l'oreille de son voisin de droite, qui la répète mot à mot à son voisin aussi à droite, et ainsi de suite jusqu'à ce qu'elle revienne à celui qui l'a faite, qui doit déclarer si elle est bien conforme à ce qu'il a dit.

La troisième, que l'on appelle *Confidence devinée*, se fait ainsi : la personne à qui appartient le gage est chargée de deviner la confidence que deux personnes se font tout bas.

Composer un Bouquet.

Lorsque cette pénitence est ordonnée à une dame, elle choisit trois fleurs à son gré. Deux personnes se retirent ensuite à l'écart pour concerter ensemble à qui elles distribueront chacune de ces trois fleurs. Cela fait, elles demandent à la dame qui a composé le bouquet, l'usage qu'elle veut faire de chaque fleur, et lui nomment alors les personnes auxquelles chacune a été appliquée.

Si c'est un cavalier, il compose son bouquet de trois fleurs, dont il définit l'emblême ; il choisit un ruban pour les lier, un vase pour les placer, et l'inscription qu'il veut y mettre ; ensuite il nomme la personne à laquelle il l'envoie. Cette manière est très-ingénieuse pour faire connaître indirectement sa pensée à la personne que l'on désire. Quoique chacune de ces manières soit affectée particulièrement à un sexe, l'un et l'autre peuvent les employer à leur choix.

Faire un compliment.

On peut ordonner au pénitent de faire

un compliment à une personne particulièrement, ou à toute la société à la fois.

On l'ordonne en prose ou en vers,
avec toutes les voyelles, ou à l'exclusion
de l'une d'elles, ce qui augmente singulièrement la difficulté.

Ces complimens doivent être d'un
choix heureux et délicat, et sans affec-
tation, ni fadeur.

Le Testament.

L'exécution de cette pénitence offre
assez de difficultés. Elle consiste à lé-
guer à chaque personne de la société
une des qualités morales ou physiques
dont on peut être doué. Cela demande
infiniment d'adresse : car souvent le
legs d'une qualité peut être regardé
comme une épigramme.

La Confession.

La personne à qui cette pénitence est

ordonnée se choisit un confesseur, qui
est chargé de lui faire sept à huit questions, auxquelles elle peut répondre
comme elle le juge convenable, c'est-à-
dire juste, ou en les éludant.

La Pensée.

Cette pénitence consiste à dire, à l'o-
reille de chaque personne de la société,
ce qu'on pense d'elle, soit en bien, soit
en mal : ce qui n'est pas sans difficultés,
et exige beaucoup de ménagement et
d'esprit.

Faire une Comparaison.

Il s'agit ici de trouver, dans l'objet
auquel on compare, une ressemblance
avec la personne comparée, et en même
temps une différence.

Des Emblêmes.

L'emblême doit offrir un rapprochement spirituel.

Ainsi l'on pourra fort aisément choisir une immortelle pour emblême d'une femme d'esprit, en lui disant que, comme cette fleur, elle plaira dans tous les âges.

Si l'on cherche l'emblême d'un cavalier connu pour sa légèreté et son inconstance, on pourra choisir le papillon: comme lui, dira-t-on, on ne peut le fixer.

Emploi de trois choses nommées.

Une dame, s'adressant au pénitent, lui demandera : Savez-vous employer pour mon plaisir les trois choses que je vais vous désigner? Le cavalier répondra : Oui. Alors la dame lui dira les noms des trois objets.

Pour en donner un exemple, je suppose qu'elle lui dise : Que ferez-vous de *pantoufle*, *vaisseau* et *char*? Le char, répondra le cavalier, serait toujours atelé par de brillans coursiers, pour

vous conduire partout où vous désire-
riez; je ferai préparer une chambre
commode dans le vaisseau pour vous y
recevoir, si l'envie vous prenait de vous
confier au perfide élément ; et j'aurai
toujours le soin d'avoir des pantoufles
bien fourrées pour garantir votre joli
pied du froid et de l'humidité.

Cet exemple est, je crois, suffisant
pour donner une idée de cette pénitence.

Les Bouts rimés.

Cette pénitence s'exécute en formant
sur-le-champ autant de vers qu'il a été
donné de mots rimant ensemble. La
personne qui donne les rimes les choisit ordinairement les plus baroques
possible. Comme ces sortes de pénitences ne sont ordonnées qu'à des personnes dont l'esprit les rend capables
de s'en acquitter, il est inutile d'en don-

ner des exemples. D'ailleurs tout le
mérite est dans l'impromptu, et il ne
servirait de rien de s'en rapporter à sa
mémoire, puisqu'on ne saurait prévoir
les rimes qui vont être données.

Les Charades.

La personne qui ordonne cette pénitence donne un mot bas à l'oreille du
pénitent. Celui-ci en fait une charade,
qu'il met en vers, s'il en a le talent, et
que l'on fait deviner à la société.

Les Chansons.

C'est la ressource de toutes les personnes qui connaissent peu les pénitences, d'ordonner un couplet. Il est
toujours agréable d'entendre une jolie
voix; mais je crois devoir dire en passant qu'il est du bon ton de ne pas se
faire prier en pareille occasion, d'abord
parce que l'on attend toujours plus de

ceux qui se le font réitérer, que de ceux qui se prêtent avec complaisance au vœu de la société.

Lorsqu'elle se compose de personnes connues par leur esprit, on peut ordonner des couplets impromptus, ce qui ajoute encore au charme de les entendre.

Il est encore des pénitences spirituelles que les circonstances peuvent inspirer, mais dont le fond tient à celles que nous avons indiquées.

LE JEU DES ÉNIGMES CHINOISES.

APRÈS tous les jeux dont nous avons parlé, nous plaçons celui des *Énigmes chinoises*, qui peut récréer également et le solitaire et celui qui est le plus versé dans le monde.

Ce jeu, inventé par la gravité chinoise, fait les délices de cette nation réfléchie, et n'est pas moins propre à nous amuser, quoique nous soyons beaucoup plus étourdis qu'elle. Au reste, dans tous les rangs de la société, il faut des récréations assorties à tous les goûts, et, comme l'a dit je ne sais quel philosophe de l'antiquité, qui comparait notre esprit à un arc, dont la corde se romprait si l'on négligeait de le détendre, il faut que de temps en temps nous reposions nos idées sur des objets qui fassent diversion avec le sérieux de nos occupations. Quoique ce jeu paraisse abstrait en lui-même, il convient particulièrement aux personnes qui évitent les jeux d'exercice, et qui recherchent des distractions paisibles, où elles trouvent, en se récréant, des occupations peu fatigantes et qui offrent quelque intérêt.

Les factoreries anglaises sur les côtes du Japon l'ont transmis à leurs compatriotes, et de l'Angleterre il est venu jusqu'à nous.

Il consiste à imiter, au moyen de sept pièces géométriques, dont la première planche offre la figure, toutes les combinaisons que présentent les autres planches.

Ces sept figures peuvent être coupées en bois ou en carton, et dans les proportions telles que, réunies, elles forment un carré long aussi régulier que celui qui est tracé sur la première planche, et où l'on distingue les différentes pièces, dont la place est marquée par les lignes d'intersection. Cela fait, on aura donc les sept pièces, base de ce jeu, et qui se composent de cinq triangles, dont deux grands égaux, un moyen et deux petits, aussi d'égale grandeur entre eux, et enfin un carré et un rhomboïde.

C'est par les diverses dispositions de ces figures que l'on a formé toutes les combinaisons, ainsi que l'on peut s'en convaincre par les exemples que contient la seconde planche, où l'emploi des pièces est indiqué par des lignes pointillées.

Les autres planches offrent de véritables énigmes ou combinaisons qu'il s'agit d'imiter, où chaque figure n'est pas tracée, afin que le joueur soit obligé de deviner leur place. Il est entendu que le concours de toutes les pièces ci-dessus désignées est nécessaire à la formation de ces énigmes, et que réussir à les former sans les y faire entrer toutes, est aussi défectueux que de n'y pas parvenir. Le joueur ne doit point s'étonner de la difficulté de quelques-unes, ni présumer qu'elles ne peuvent exister, car elles ont toutes été faites en réunissant les sept pièces, et peuvent, par conséquent, être faites encore. C'est là ce qui fait l'amusement de ce jeu, où chacun a le désir de deviner chacune des figures.

Il est sans doute inutile de dire que les combinaisons indiquées ne sont pas les seules à qui peuvent donner naissance les diverses dispositions de ces sept pièces : il peut en résulter un bien plus grand nombre; mais nous croyons

que l'on nous saura gré, après avoir
deviné toutes les énigmes qui sont of-
fertes, de trouver soi-même l'occasion
de créer.

FIN.

DE L'IMPRIMERIE D'A. EGRON,
rue des Noyers, n° 37.

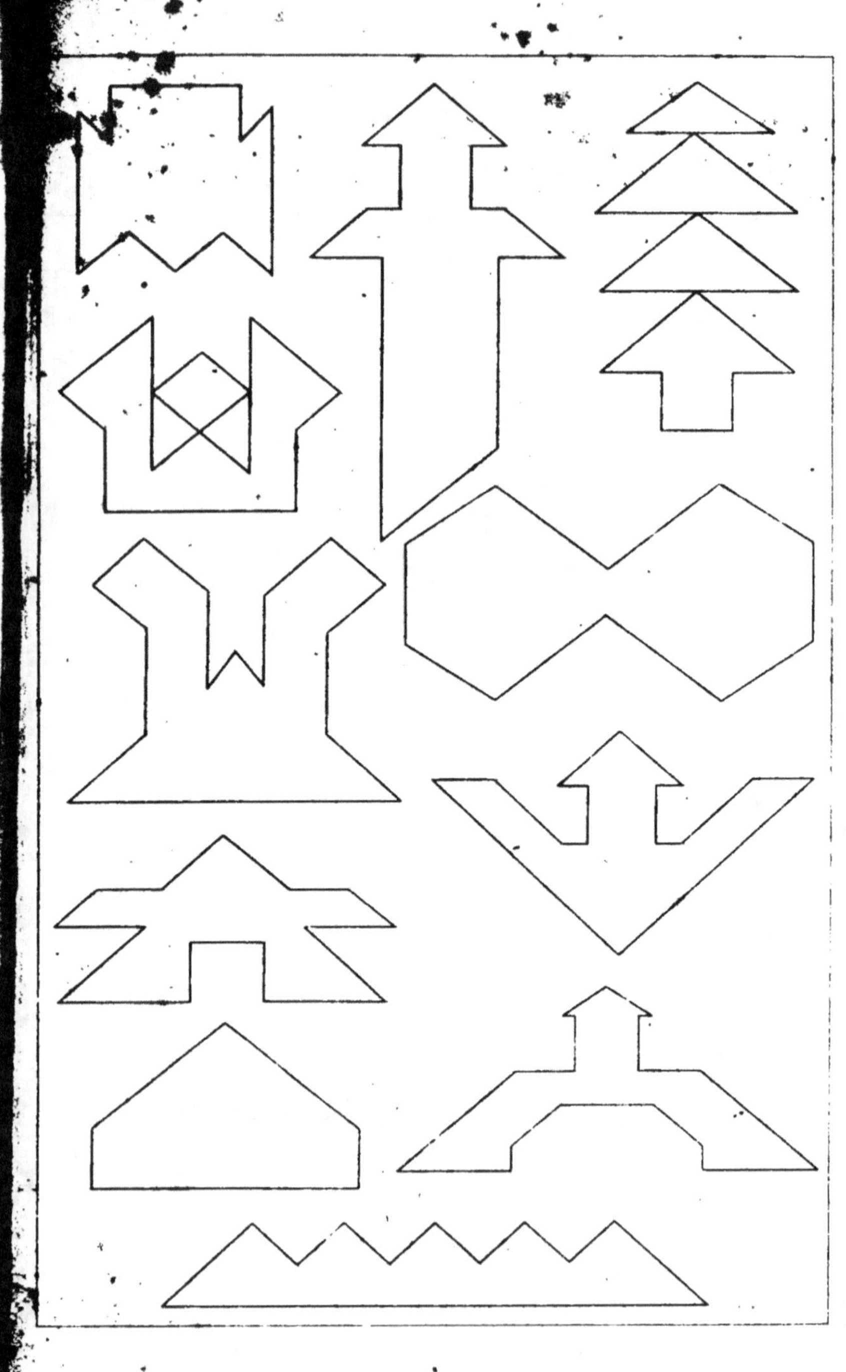

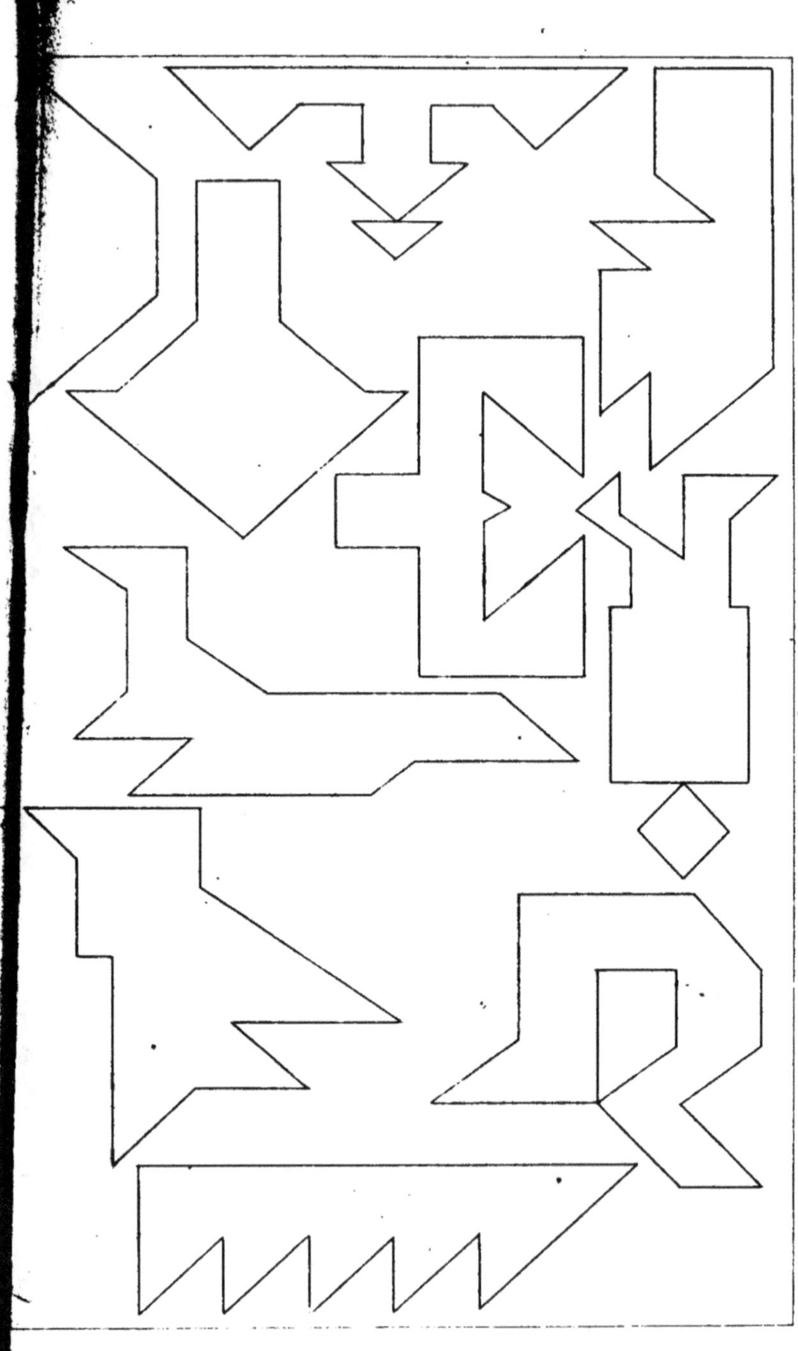

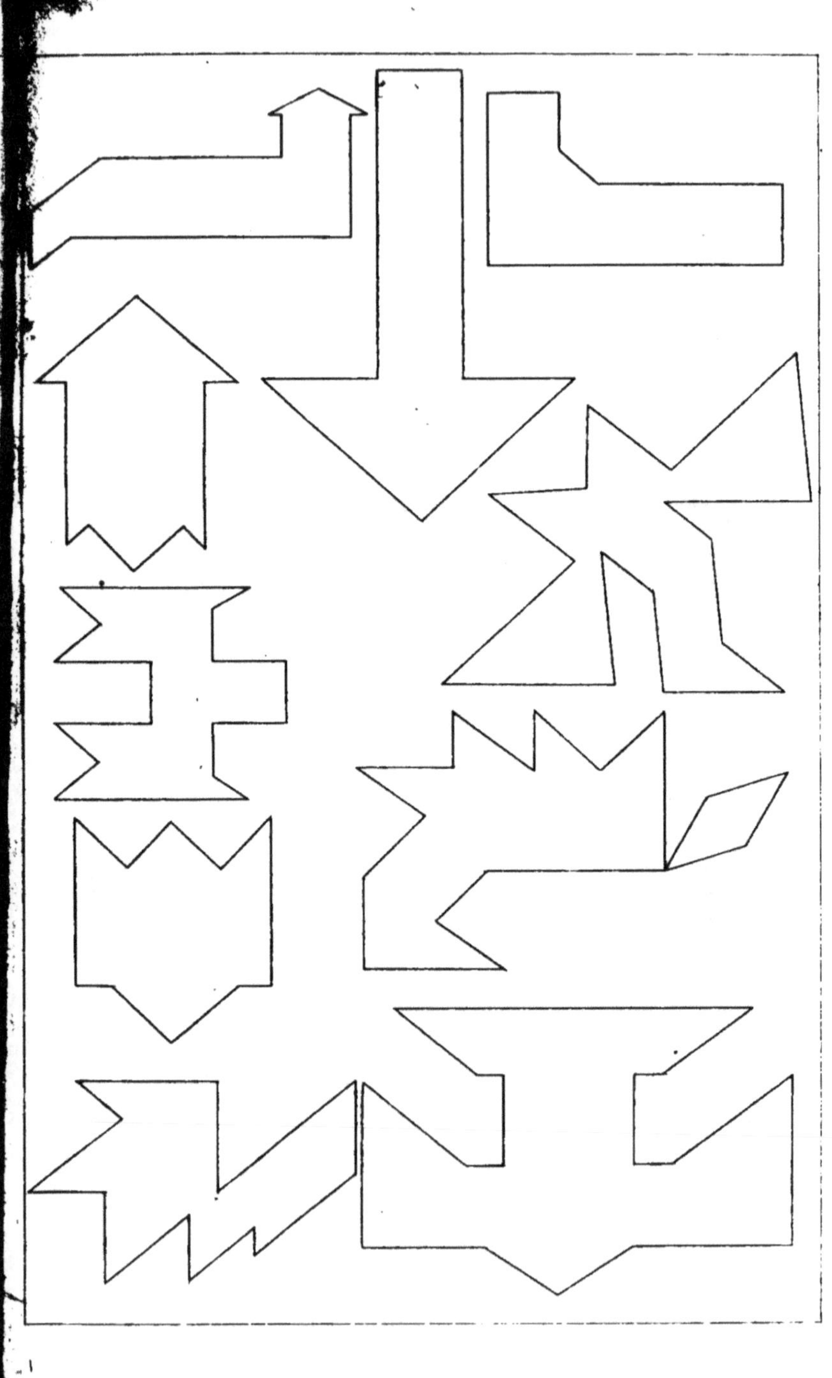

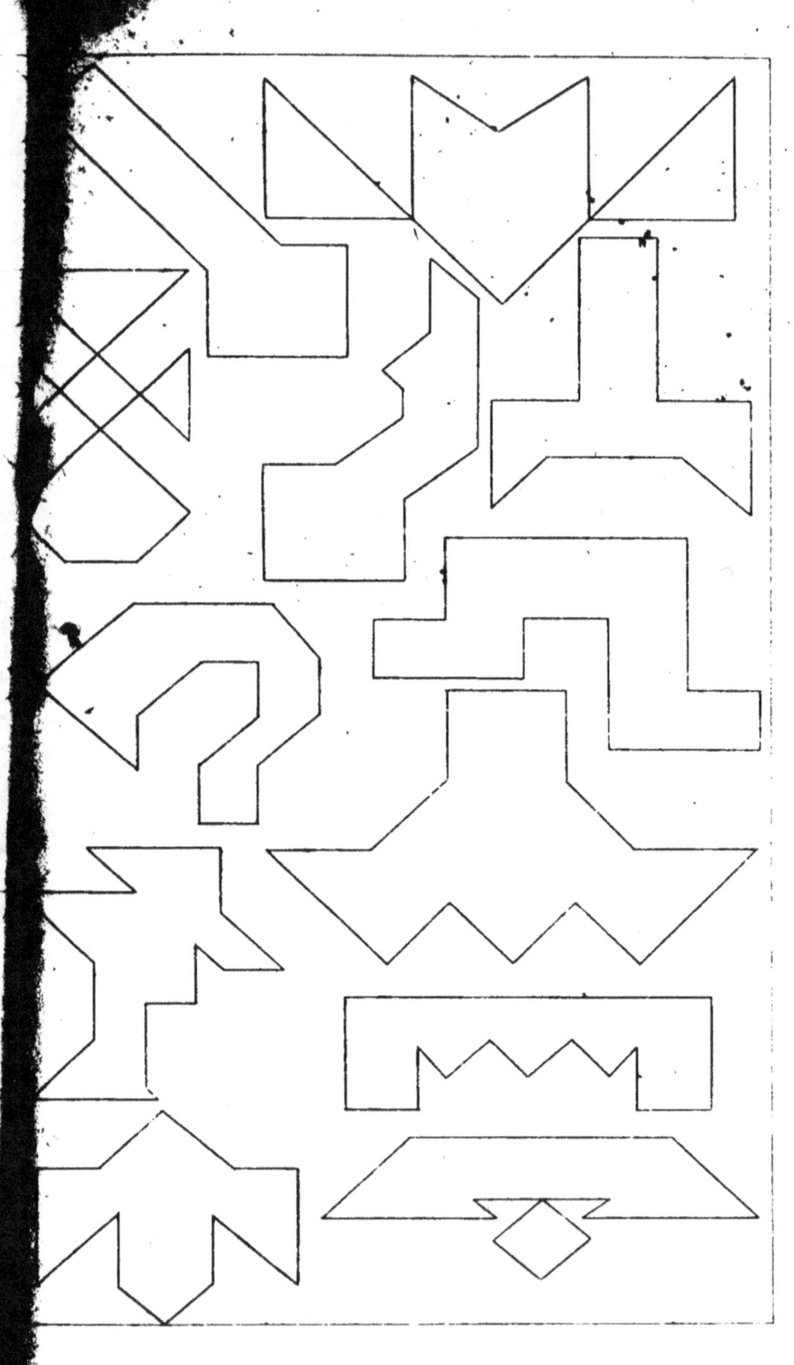

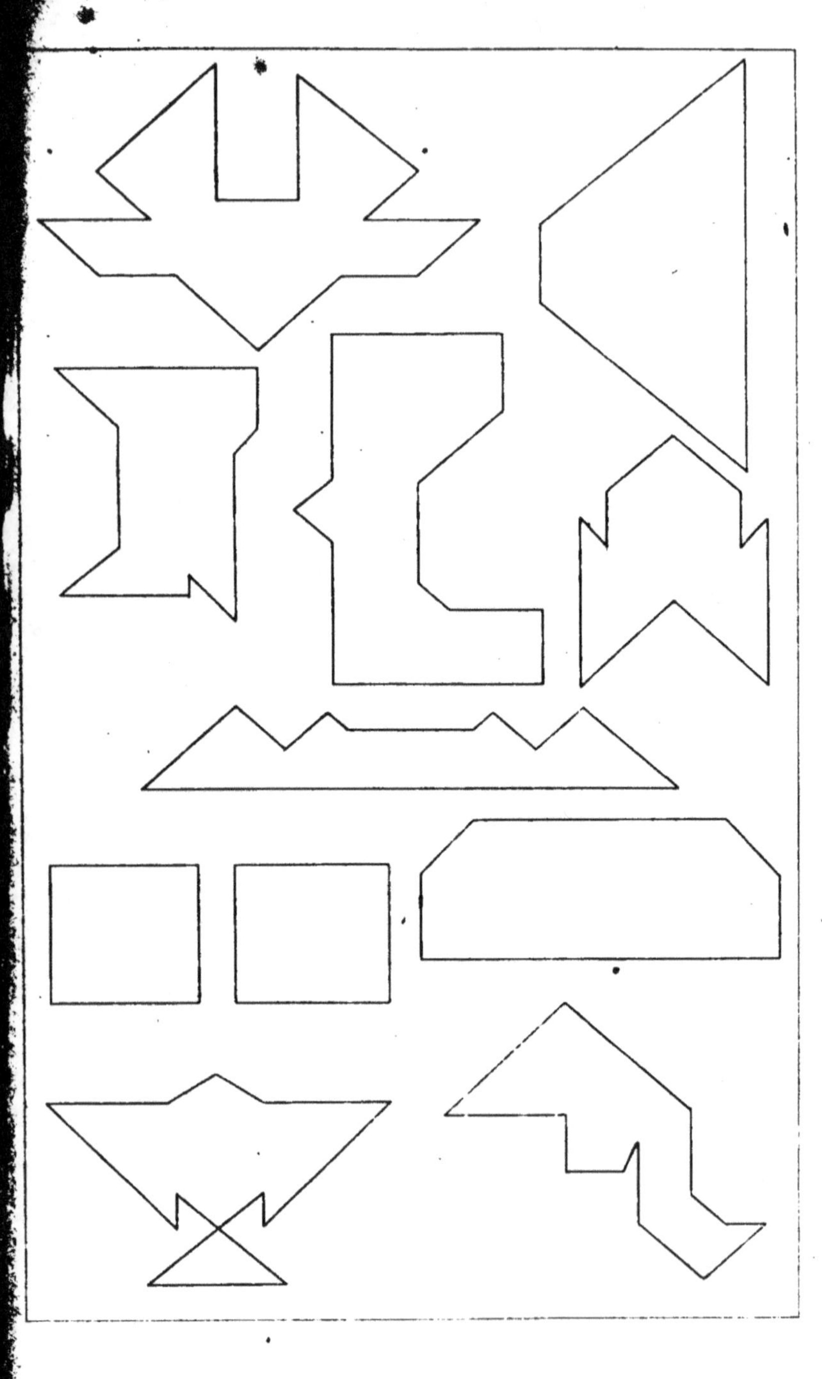

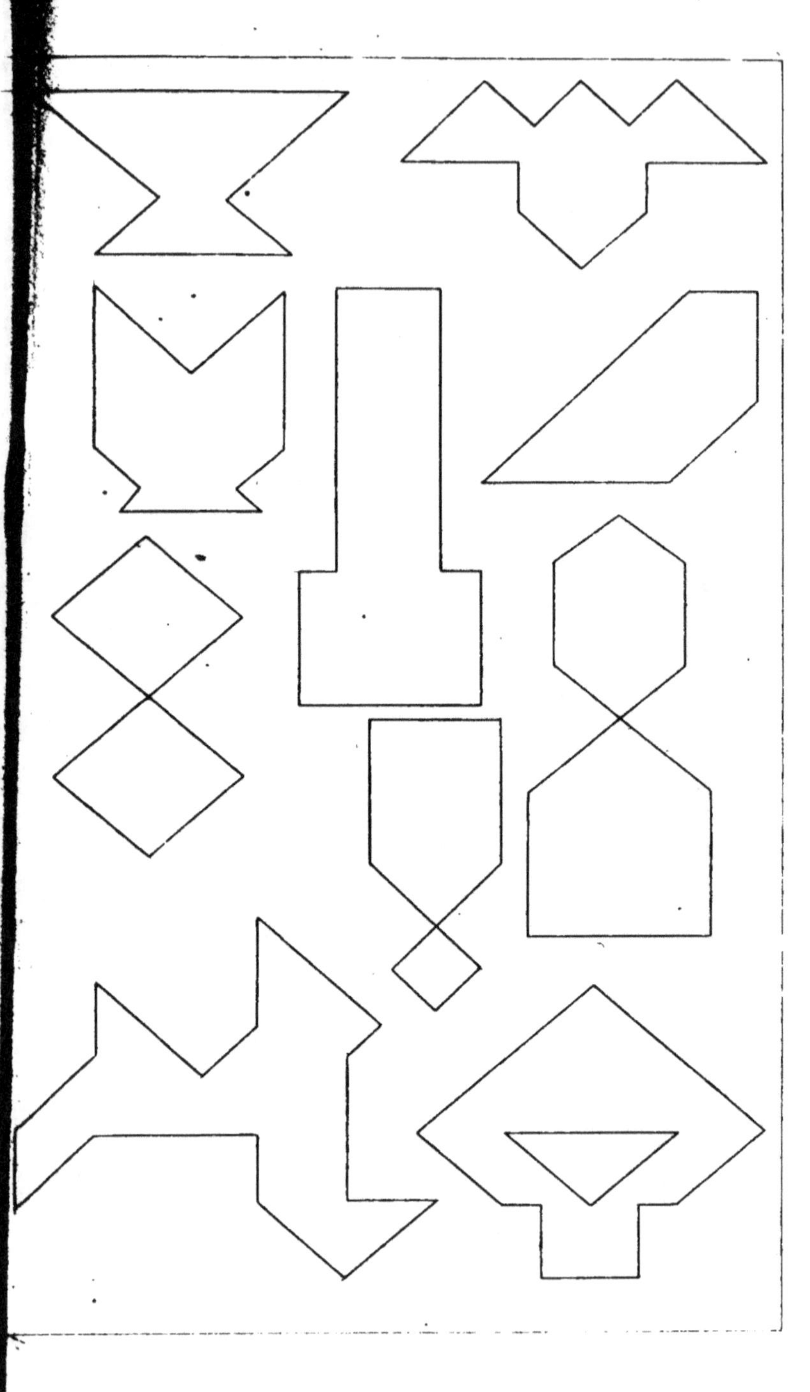

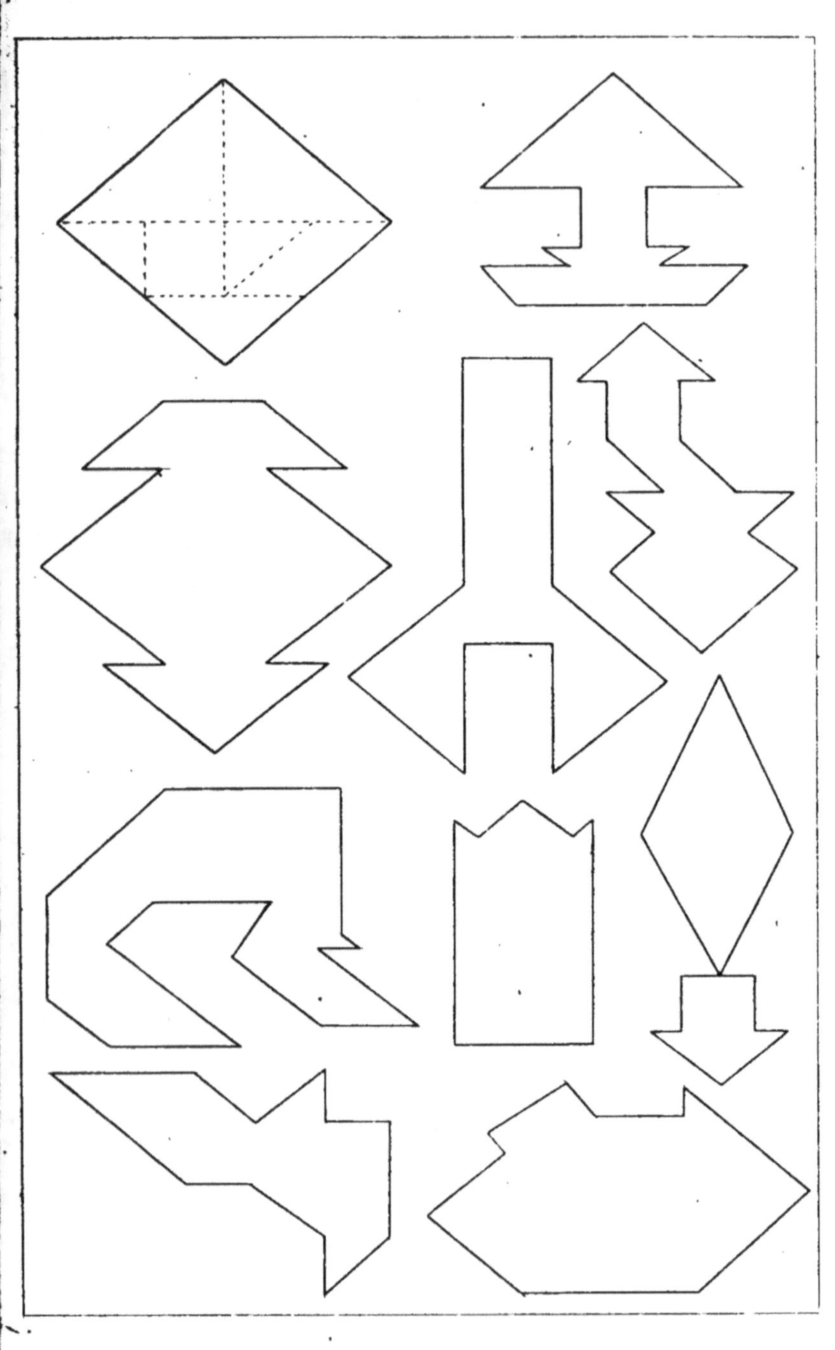

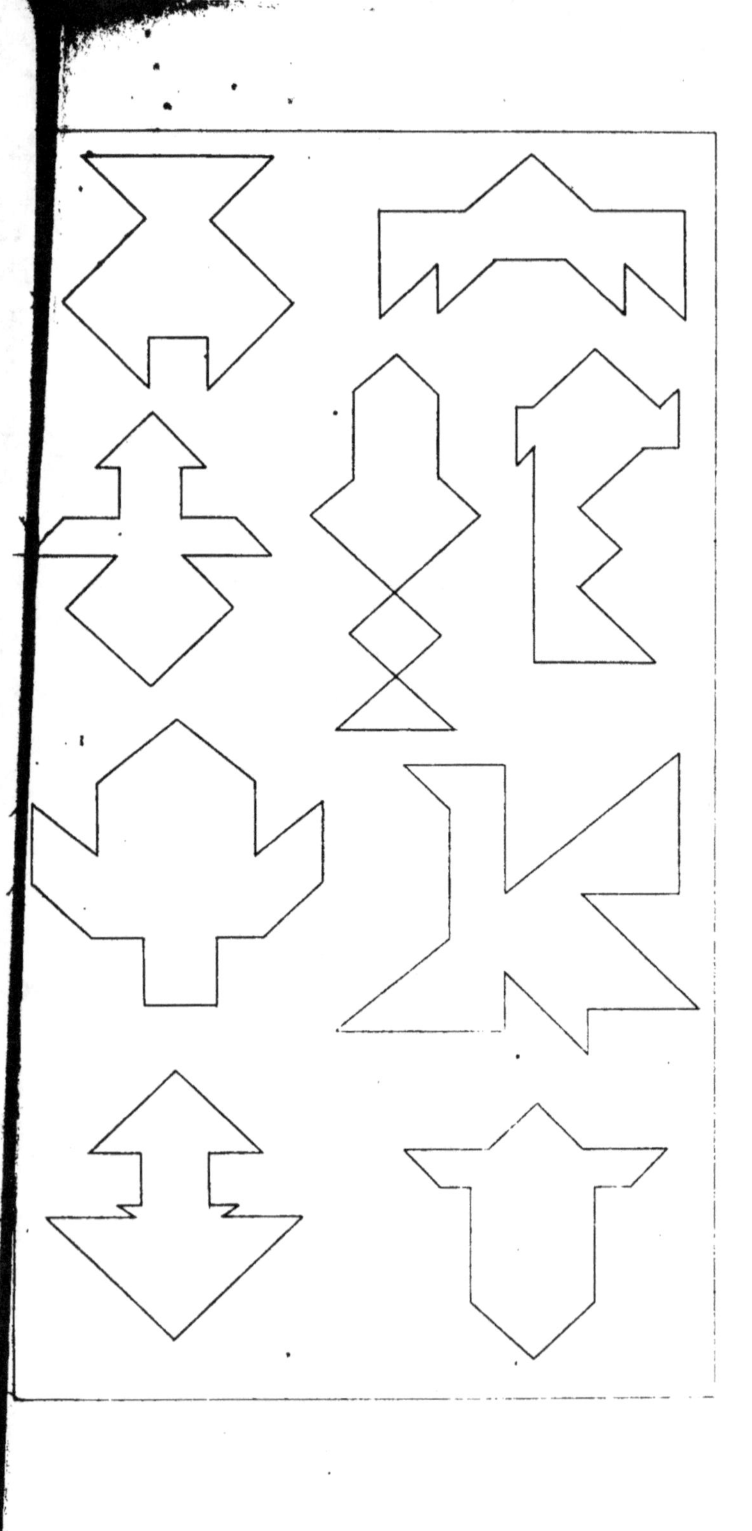